格差と序列の心理学

平等主義のパラドクス

池上知子

［著］

ミネルヴァ書房

はじめに

　「天は人の上に人を造らず，人の下に人を造らず」とは福沢諭吉の「学問のすすめ」にあるあまりに有名な言葉である。この言葉に代表される「平等主義」は現代社会においては広く人々に共有されている理念であり，異論をはさむ余地はないかもしれない。しかしながら，現実の人間社会には，古今東西を問わず，さまざまな格差や不平等が厳然たる事実として存在する（Brown, 1991; Tilly, 1998; 橋本，2009などを参照）。それゆえ，人々は，すべての人間が平等に富と幸福を享受できる社会の実現を目指し，これを阻むものと闘ってきた。

　格差・不平等問題をめぐっては，経済学，社会学，心理学など各分野の論者によって盛んに議論が交わされている。このうち経済学や社会学は，社会にどのような格差や不平等が存在するかを客観的指標により明らかにし，不平等な構造を生み出す社会制度や時代背景を探ることを主たる学問的課題としている。これに対して，心理学は，格差や不平等を人々がどのように認識しているかを問題とし，その背後に働いている心理を明らかにすることに関心を向けている。心理学は，格差や不平等を生じさせる源泉が人々の心の中にあると考えるからである。

　事実，人間には，平等主義を標榜しながら，それとは裏腹に格差や不平等を肯定し，維持しようとする態度が潜在している

こと，また人と人の間にみずから序列を造り出そうとする心性がみられることが，これまでの心理学の研究により示されている。われわれの周囲には，本人に責任があるわけでもないのに貧困や難病，偏見や差別などに苦しむ人たちが大勢いる。そして，それを見て見ぬふりをする人たちがいるのもまた事実である。心理学は，理不尽で不条理な現実から目をそらし心理的安寧をうるための心的装置が人間には備わっていることを明らかにし，そのため社会のひずみを改善し格差を是正しようとする動きが抑制される可能性に論及してきた。本書では，このような人間の意識や態度を検討の対象とした国内外の諸研究を取り上げ，人々がなぜ格差や不平等を自ら作り出し，これを肯定し維持しようとするのか，その心の深層に迫りたい。

　本書は，大きく5つの章から構成されている。第1章では，序列や格差を生み出す心理的源泉について，最近，関心を集めている社会的支配理論とシステム正当化理論に依拠しながら論考する。第2章では，不平等な実態，理不尽で不条理な現実を目の当たりにしても，その容認を可能にする心的装置として公正的世界観と相補的世界観に注目し，それぞれの観念形態の特徴と機能的役割を考察する。第3章は，これらの世界観がさまざまな社会集団に対して形成されるイメージの内容にいかに反映されるか，またそのようなイメージが文化的ステレオタイプとして広く共有されるとき既存の階層構造の維持にいかに利用されるかを解明する。第4章は，第1章から第3章において論

及した心理学的機構が日本的学歴階層社会の文脈の中でどのくらい妥当性をもつか，筆者の研究を中心に検証する。第5章は，筆者が社会的アイデンティティ理論を批判的に再考しつつ提案した不本意な社会的アイデンティティに関する理論とそれに基づく実証研究を紹介しながら，階層システムの中間層に位置する人たちが既存の位階構造の維持にいかに関与しうるかについて，日本的学歴階層社会を素材に議論する。

【注記】

　本書では「階層」という用語と「階級」という用語がしばしば登場する。『広辞苑　第六版』によれば，「階層」は「社会経済的地位によって序列化された社会層。年齢・財産・職業・学歴などが尺度。」とあり，「階級」は「主に生産関係上の利害・地位・性質などを同じくする人間集団。」となっている。マルクス主義では両者を区別しているが，本書では，両者を特に区別せず主として前者の意味で使用している。

目 次

はじめに

第1章　格差と序列を生み出す心理 …………………… 1

1　社会的支配理論 ……………………………………… 2
（1）権威主義と社会的支配志向性……3
（2）イデオロギーによる社会的支配……4
（3）社会的支配理論の要諦……6
（4）社会的支配理論の限界……17

2　システム正当化理論 ………………………………… 18
（1）苦痛緩和機制としてのシステム正当化……20
（2）保守主義としてのシステム正当化……26
（3）伝統回帰とシステム正当化……28
（4）システム正当化の多水準性と代替可能性……40
（5）保守主義の心理的源泉……42
（6）関係希求と保守主義……48

第2章　格差と序列を支えるイデオロギー ………… 51

1　公正的世界観 ………………………………………… 52
（1）ヴィクティム・デロゲーション（犠牲者への非難）……53
（2）因果応報……54
（3）ギャンブルと公正的世界観……58

2　相補的世界観 ………………………………………… 62
（1）相補的事例と公正感……62
（2）非相補的事例と不公正感……64

3　公正的世界観と相補的世界観 ……………………………… 65
　（1）敗者の非難と称揚……66
　（2）システム正当化に至る2つのルート……67

第3章　社会的ヒエラルキーと文化的ステレオタイプ … 71

1　正当化動機とステレオタイプ ………………………………… 72
　（1）情動の正当化……73
　（2）集団間葛藤の正当化……76
　（3）社会的アイデンティティの正当化……78

2　ステレオタイプ内容モデル …………………………………… 82
　（1）ステレオタイプの2次元モデル……82
　（2）アンビバレント・ステレオタイプ……88
　（3）アンビバレント・セクシズム……90

3　相補的ステレオタイプ ………………………………………… 95
　（1）ステレオタイプの非集団エゴイズム的特徴……95
　（2）経済格差と相補的ステレオタイプ……98
　（3）男女格差と相補的ステレオタイプ……100

4　集団間比較と相補性 …………………………………………… 106
　（1）比較次元と相補性……107
　（2）相補的国民ステレオタイプ……107

5　社会的判断と相補性 …………………………………………… 109
　（1）比較文脈と相補的認知……109
　（2）知覚的生成としての相補性……110
　（3）基本的2次元と相補性……115

第4章　日本社会における平等幻想と文化的ステレオタイプ……117

1　現代日本の格差・不平等問題……118
（1）平等神話……118
（2）学歴社会……120
（3）学歴社会の変質
　　──学歴競争社会から学歴分断社会へ……124

2　隠蔽される不平等……127
（1）学歴社会と相補的世界観……127
（2）大学間序列と相補的認知……131
（3）システム正当化は内集団正当化を凌駕するか……137

第5章　社会的アイデンティティと階層システム……143

1　社会的アイデンティティと集団間格差……144
（1）集合的自尊心と外集団蔑視……144
（2）地位差と集団間差別……145

2　中間層の心理……148
（1）集団間序列と集団自己同一視……150
（2）不本意な社会的アイデンティティと集団間差別……157
（3）階層システムと不本意な社会的アイデンティティ……162
（4）階層固定化社会と階層非固定化社会……166

おわりに

引用文献

人名索引／事項索引

第1章

格差と序列を生み出す心理

　教育社会学者の竹内洋は，ある著書の中で，イギリスでは「〇〇は，労働者階級の出身だ」「労働者階級の出身だが社長になった」というように日常会話に「階級（class）」という言葉が頻繁に使用されることを指摘している（竹内, 1993）。そして，日本では，このような言い方はあまりなされず，むしろ「高卒だが大企業の重役になった」「東大出身でないのに東大の教授になった」というほうが多いのではないかと述べている。これは，他者を認識するときに重視される基準が，前者は階級，後者は学歴というように国によって異なることを示すものであるが，人間をある基準で序列化し社会の中に一定の位階構造（ヒエラルキー）を形成している点では両者は共通しているといえる。ブラウン（Brown, 1991）が述べているように，出身階級，職業，人種・民族，性別，年齢など，人々がさまざまな社会的カテゴリーによって区分けされ，それらのカテゴリー集団に付与される社会的価値や威信に格差や不平等が存在することは，文化を超えて観察される人間社会の普遍的特性の一つといえるだろう。

1 社会的支配理論

シダニウスとプラトー (Sidanius & Pratto , 1999) は,このような社会的カテゴリー (社会集団) の序列に基づくヒエラルキーが形成,維持されるメカニズムについて,社会的支配理論 (social dominance theory) を提唱し説明を試みている。

彼らは,われわれの心底には不平等な支配・被支配関係への願望があると考え,これが「階層神話 (legitimizing myth)」と彼らが呼ぶところのさまざまな言説と結びついて,不平等な関係が具現化されていくことを示した。そして,集団間の非対等関係を是とする個人の態度を社会的支配志向性 (social dominance orientation：SDO) というように概念化し,その程度を測定するための尺度を開発している。尺度を構成する項目の一部を以下に記す。

　①他のグループに比べて劣っているグループが存在する。
　②社会には尊敬に値する人たちとそうでない人たちがいる。
　③チャンスに恵まれる人と恵まれない人がいてもかまわない。

　　　　　　　　　　　　⋮

項目内容から,この尺度は,人間は皆同じというわけではなく,どのような社会的範疇もしくは集団に属しているかによって貴賤の違いがあり,それに応じて処遇が異なることは道理に

かなうとする思想や信条を測定するものであることがわかる。加えて、これらは特定の集団について言及するものでもなく、また自分の所属する集団（内集団）の他集団（外集団）に対する優越性を主張する態度に限定されているわけでもない。広く集団間関係一般にかかわる見解をとらえようとしているものであることがうかがえる。

(1) 権威主義と社会的支配志向性

　偏見や差別と結びつきやすい人格特性として権威主義（Adorno et al., 1950）がよく知られているが、社会的支配志向性はこれとは区別されるものである。権威主義は、精神分析学の観点から脆弱な自我を脅威から防衛するための個人の心理機制の所産としてとらえられている。社会的支配志向性はこのような精神病理的な現象ではなく、社会的価値観の一つとして理解されるべきものであるとされている。

　また、社会的支配志向性は現代の権威主義としてみなされうる保守反動主義（政治的右派）とも異なる。保守反動主義とは、所属集団（内集団）の権威への服従傾向、もしくは権威者が唱導する規範や伝統を信奉する傾向の強さとして定義されている（Altmeyer, 1998）。したがって、保守反動主義的な人たちは内集団の規範を脅かす外集団を攻撃するよう動機づけられやすい。これに対して、社会的支配志向性の強い者は、内集団の規範を守ることに関心があるわけではない。ある研究によると、権威

主義傾向の強い者と社会的支配志向傾向の強い者とでは，移民に対する態度が全く異なっていた。前者は，受入国の規範に従わず同化しようとしない移民に最も反感を抱くのに対して，後者は，受入国の規範を進んで受け入れ同化しようとする移民に最も反感を抱くことが示されている。社会的支配志向性の強い者は，他国からの流入者が自国民と同質化し同等の地位を得ることにむしろ強い懸念をもつことが伺える（Thomsen et al., 2008）。

（2）イデオロギーによる社会的支配

シダニウスとプラトー（Sidanius & Pratto, 1999）は，不平等の内容や階層化の程度は，社会によってさまざまであるが，それらの形成と維持を支えるプロセスは共通していると述べている。そこで前提とされているのは，ヒエラルキーがどのカテゴリーに基づき形成されるかは任意に決定されるものであり，社会の状況に応じて顕現化する区分や基準が変化するという点である。すなわち，何者かの意志と力が働くことで，特定の基準に基づく階層構造が社会的に創り出されていると考えるのである。そのことは，時代や文化を超えて認められ，あたかも生物学的特性に基づく必然的帰結であるかのようにみえる年齢や性に基づく格差（大人が子どもを支配する関係，女性より男性が優位に立つ関係）であっても，本質は変わらないとされている（Sidanius et al., 2001）。

第1章　格差と序列を生み出す心理

　一般に，支配的立場にある集団が，武力や権力を行使して，他集団に対する自分たちの優位性を維持しようとすることはよくあることである。しかし，このような方法は，決して長続きするものではない。シダニウスらによれば，集団ヒエラルキーを維持するためには，支配的立場にある集団が，集団間の序列もしくはステイタスの違いは，宗教的道徳的信条に照らして，あるいは，科学的見地からみて，道理にかなうものであることを，支配層のみならず被支配層の人々にも得心させることが肝要であると述べている（Sidanius et al., 2001）。その典型的な例として，彼らは，奴隷制時代の白人による黒人の支配を挙げている。当時，奴隷制度を正当化するために，黒人は白人に比べ知的能力や道徳性において生得的に劣ることが科学的に証明されているかのような言説がしばしば利用されていたことは周知のことであろう。

　こうしたイデオロギーによるコントロールは，武力や権力に訴えるよりもはるかに社会体制の維持に功を奏することが古くから知られており，政治学における中心的教義の一つでもあった（Zelditch, 2001）。しかし，心理学の分野では，このような枠組みを集団間関係の問題に適用する試みが始まったのはごく最近のことであり，社会的支配理論はその先駆けとなった理論といえる。その意味では，社会的支配理論も，イデオロギーによる社会体制の維持にかかわる伝統的アプローチの延長上にあるともいえるが，シダニウスらは従来のものとは異なる当該理

論の特色を次のように論じている（Sidanius et al., 2001; Sidanius & Pratto, 2012参照）。

（3）社会的支配理論の要諦
①階層神話としてのイデオロギー

伝統的なアプローチでは，イデオロギーの中身が妥当性の高い知識に裏付けられていることが重視された。これに対して，社会的支配理論では，イデオロギーを構成する信念の内容が客観的にみて「真」である必要はない。重要なのは，人々がそれを真であるとどの程度信じているかということになる。たとえば，「黒人は悪魔の手先である」とか「神の前にはすべての人間は平等である」といった言説は，科学的に証明できなくても既存の社会体制を維持，あるいは変革するための大義名分になりうると，シダニウスらは述べている（Sidanius et al., 2001, p. 311）。これはイデオロギーがいわば神話のようなものとして機能することを意味している。そしてさまざまな神話（信念，ステレオタイプ，思想等）のうち，集団間の不平等を助長する内容を含むものは階層増強神話（hierarchy-enhancing legitimizing myth: HELM），反対に集団間の平等化を奨励する内容を含むものは階層減衰神話（hierarchy-attenuating legitimizing myth: HALM）と称されている。これら2種類の神話のうち前者が優勢なほど，集団間の不平等や格差の大きい社会になる。ただし，格差や不平等が極端に大きくなれば，劣位に置かれている人々

の不満が増大するだけでなく、優位にある人たちも義憤を覚えたり良心の呵責を感じるようになり、社会全体が不安定化する事態になりかねない。したがって、社会的支配理論では、人々の間に強い不満や義憤が起こらぬ範囲で社会の階層構造が維持されると考えられている（Sidanius et al., 2001, p. 312）。

②階層神話と社会政策

社会的支配理論の第2の特色は、集団間の支配・被支配関係への志向性が階層神話を介して実際の社会政策に結びついていくプロセスに言及している点である。

集団間の序列に関する一般的な態度である社会的支配志向性が、特定の階層増強神話（e.g.,「女性の本業は家事と育児である」「貧困は自己責任である」）と結びつくと、関連する社会政策（e.g.,「男女雇用機会均等法」「生活保護政策」）に対する支持・不支持が左右されることになる。それは、結果的に社会に存在する格差の固定化と拡大をもたらすであろう。換言すれば、男女雇用機会均等法に反対する人も、生活保護政策に異を唱える人も、それぞれ固有の理由に基づいてはいるが、実は、そこに一つの共通する志向性（集団間の格差を是とする態度）が作用しているといえる。これらの議論の概略をあらわした概念図が図1-1である。

社会的支配志向性と死刑制度　社会的支配志向性と社会政策の関係は、上記の例のように常に明示的かつ直接的な形をとるとは限らない。たとえば、アメリカ人を対象としたある

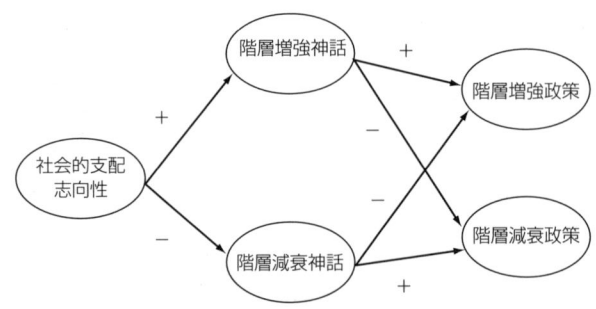

図1-1　階層神話と社会政策

注：＋は「促進」，－は「抑制」を表す。
出所：Sidanius & Pratto (1999), p. 105.

調査では，社会的支配志向性の強い者ほど「死刑制度」の存続を望んでいることが示されている（Sidanius et al., 2006）。死刑制度の撤廃に反対する理由としてよく聞かれるのは，「死刑制度は犯罪を抑止する効果がある」「死刑は許しがたい行為への懲罰であり被害者に代わって仇を討つ意味がある」という考え方である。しかし，シダニウスら（Sidanius et al., 2006）は，アメリカ社会において死刑が適用される犯罪者が貧困層や人種的マイノリティに多いという事実，とりわけ白人が犠牲になった犯罪の場合にそれが多いという事実を指摘し，死刑制度の存続の背景に階級差別的構造を温存させようとする心理が働いていると述べている。実際，調査データを分析した結果をみると，社会的支配志向性の強い者ほど死刑制度の抑止効果や制裁効果についての信念が強く，それらの信念に媒介されて死刑制度の

第1章 格差と序列を生み出す心理

存続を支持する態度が強められていることが明らかになっている。

社会的支配志向性とエイズ　これに類することは、エイズに対する差別を扱った研究においても認められる。エイズへの偏見、差別の背景に、誤った知識に基づく信念(「日常的接触によっても感染する」「ゲイに特有の疾患である」)がある。しかし、ある研究によると、エイズに対する差別的態度 (e.g., HIV 感染者の氏名を政府機関が把握する必要がある) はそれらの信念のみによって規定されているわけではなく、社会的支配志向性が、誤った信念と結びつくことによって、エイズ患者に対する偏見、差別が助長されていることが示されている (von Collani et al., 2010)。つまり、社会的支配志向性が重要な役割を果たしているのである。われわれの心の中には、社会的に弱い立場に置かれた人たち、社会的な烙印を付与された人たちを、抑圧し続けようとする傾向があり、そのような自身の冷酷さを正当化するために、もっともらしい理由を作り出しているかのようにみえる。理由があって弱者を迫害するのではなく、迫害するために、その理由を探そうとしているといってよいかもしれない。

社会的支配志向性とテロリズム　もちろん、社会的支配志向性の低さが、階層減衰神話の信仰と結びつくことによって、格差是正を目指す社会政策の支持を促す可能性は十分ある。ただし、社会的支配志向性の低さ (力のある集団が力のない集団

を支配することに反対する態度）が必ずしも望ましい帰結をもたらすわけではない（Sidanius & Pratto, 2012）。

2001年にアメリカで起きた同時多発テロをめぐる意識調査の結果は示唆的である。従来，西欧諸国の人たちを対象とした多くの研究では，社会的支配志向性の強い者ほど，集団間の抗争（中東におけるテロとの闘い）を支持する傾向が強いことが繰り返し確認されている（Henry et al., 2005; Heaven et al., 2006）。これに対して，中東諸国の人たちを対象とした調査では，逆に社会的支配志向性の低い者ほど，テロリズムを支持する傾向が強いことが見出されている（Henry et al., 2005）。シダニウスは，その理由を，9.11事件に代表されるアラブ系の人たちによる一連のテロ行為の背景に，アメリカをはじめとする西欧諸国が力によってイスラム諸国を支配してきたことへの反発があるからだと説明している。実際，彼の研究グループがレバノンの大学生を対象に行った調査では，9.11事件の原因が西欧諸国による覇権主義にあるととらえている者ほど，西欧人に対するテロ行為を支持する態度が強かった（Sidanius et al., 2004）。力のある集団が力のない集団を支配することを是としない態度が，暴力を肯定する態度を生み出すという皮肉な関係がここでは生じているのである。

③階層神話の合意性

社会的支配理論の第3の特色は，社会の階層構造を維持する道具として機能する階層神話が支配集団と被支配集団の間で共

有されている場合の多いことを指摘し，これが階層構造の維持に大きな役割を果たしていることを示した点である。シダニウスら（Sidanius et al., 2001）は，大規模調査の結果を根拠に，差別にかかわる階層神話が，立場の異なるもしくは対立する階層集団間で共有される傾向にあることを明らかにした。典型例としてアメリカの住宅市場における黒人差別を挙げている。多くの実態調査が住宅の供給において人種差別があることを客観的に示しているにもかかわらず，意識調査においては，白人の大多数（86％）が黒人も白人と平等に住宅を取得していると思うと回答し，さらに黒人の大半（58％）が同じように回答していたのである。このことは，実態から遊離した平等神話が白人社会と黒人社会の間で概ね共有されている（共通認識となっている）ことを表している。同様に，「黒人は本来的に劣っている」という人種的偏見も黒人社会と白人社会の間で一致している程度が一致していない程度を大きく上回ることが見出されている（Sidanius & Pratto, 1999）。

彼らは，ある神話が異なる階層集団間でどのくらい合意されているか，あるいは合意されていないかを定量的に表す指標を作成し，階層間の軋轢が小さく安定している社会構造の下では，後者より前者が上回ると予測した。この合意性仮説は，さまざまな種類の差別・被差別集団に認められることが確認されている（Sidanius & Pratto, 1999）。

④階層維持における被支配層の役割

社会的支配理論の第4の特色は，社会の階層構造の維持には，支配層の差別的態度や行動だけでなく，被支配層の態度や行動も関与していることに言及している点である。これは，前項で述べた支配層の価値観や信念（階層神話）を受容し共有する者が被支配層の中に少なからず存在するという事実と密接に関係している。シダニウスら（Sidanius et al., 2001）は，アメリカのロサンゼルスで行われた社会調査の結果を例に挙げてこの点を説明している。その調査では，白人優位社会の正当化に寄与すると考えられるプロテスタント的労働倫理に基づく信念（「成功は個人の努力の賜である」）の強さと自身の所属する人種集団（白人，ラテン，黒人）への自己同一視（帰属意識や愛着）との関係が調べられている。その結果，白人の場合，この信念が強い者ほど白人への自己同一視が強く，黒人やラテン系では，逆にこの信念が強い者ほど所属人種への自己同一視が弱くなるという関係が認められた。

このことは，白人優位社会を支える階層神話が強く浸透している社会では，その恩恵に与る白人は団結して自分たちの利益を守るための政策を維持するような行動を取りやすいのに対して，そのような社会で不利益を被っている黒人やラテン系の人たちが，自分たちの利益のために立ち上がり改革しようと動機づけられにくいことを示唆している。なぜなら，このような社会では，黒人層の中に白人と価値観を共有する人たちが少なか

らず存在し，そのような黒人は黒人グループへの帰属意識が希薄で距離を置こうとしているからである。一方，白人層の中に黒人と価値を共有する者はそれほど多くいるとは考えにくいからである。それは結果的に，既存の階層構造を維持，強化することにつながる。すなわち，被支配層の人たちは，不平等な社会構造の単なるもしくは一方的な犠牲者ではないのである。彼ら自身が自らの辛苦を生み出す社会体制の維持に参画しているのである。あるいは，参画させられているといったほうが正確かもしれない。

このように，支配層の人たちの価値観を受容し共有する被支配層の人たちは，自分自身が所属する階層から距離を置き，極端な場合は，同胞を裏切り支配層におもねるようなこともあると考えられている。シダニウスら（Sidanius et al., 2001）は，その端的な例として白人に従順な黒人の象徴として語られる「アンクル・トム」[(1)]を挙げている。一般に，人は自分の所属する集団に有利なように振る舞うが，階層化された社会においては，その傾向が支配層において強く被支配層では弱くなるという構図が生まれやすい。事実，先述した社会的支配志向性と階層増強神話や格差拡大政策を支持する度合との関係は，被支配層より支配層において顕著になることが示されている（e.g.,

---

(1) ストー夫人作の長編小説「アンクル・トムの小屋」の主人公の名前。本小説は黒人奴隷トムの数奇で不幸な半生を描き，黒人奴隷問題の摘発の書として知られている。

Sidanius et al., 1996)。支配層の政治的態度は自分たちにとって有利なシステムを維持せんとする動機に基づいていることが多いのに対して、被支配層の人たちが反体制的な改革運動に動機づけられる程度が、それと同等であるかといえば必ずしもそうではない。既存の階層構造を維持しようとするベクトルと変革しようとするベクトルの間の非対称性に論及しているところも、本理論に独特のものといえる。

⑤組織と個人の相互形成による階層維持

社会的支配理論のもう一つの重要な特徴として、個人レベルの分析だけでなく、社会的機構や制度が社会の階層構造の維持に果たしている役割を視野に入れている点があげられよう(Sidanius & Pratto, 2012)。すなわち、この理論では、階層神話は特定の社会政策をめぐる個人の意思決定と結びつくだけでなく、さまざまな社会組織や公共機関と連結し、それらの性格を特徴づけることによって階層構造の維持が図られると考えられている。階層増強的性格をもつ機関や組織の中で働く人たちは、同じような階層増強神話を互いに共有していることが多く、組織の人間として任務を遂行していく過程で、そうした階層神話を利用する度合いが増えると予想されている。さらに、興味深いことに、もともと社会的支配志向性の強い者は、階層増強的性格をもった組織や機関に所属することを好み、階層増強的性格をもつ組織や機関は、社会的支配志向性の強い人間を採用したがるといったように、個人の志向性と組織の志向性は一致す

る傾向にある。その結果,組織はその機能をますます強靭なものにしていく関係にあると論じられている (Haley & Sidanius, 2005)。

たとえば,ロサンゼルスで実施された調査において,警察官,官選弁護人(貧困者を公費で弁護するために選任される弁護人),UCLA の学生,一般人から選出された陪審員を比較した結果,警察官は一般の陪審員や学生に比べ社会的支配志向性が高く,官選弁護人は,他の3群に比べ社会的支配志向性が低かったという知見 (Sidanius, Liu et al., 1994),また,軍人を養成する教育機関の生徒を民間人のための教育機関の生徒と比べたところ,前者は後者より反平等主義的態度が強かった (e.g., 伝統的性役割意識が強い) という知見 (Kurpius & Lucart, 2000),一般の大学において経営学や経済学を専攻する学生は,人文系の学問(民俗学,社会学,公共衛生学など)を専攻する学生に比べ社会的支配志向性や人種差別的態度の得点が高かったという知見 (Sidanius et al., 2003),警察学校の生徒は看護学校の生徒に比べ難民に対してあまり好意的な見方をしなかったという知見 (Liebkind & Eranen, 2001) などが,上記の考えを裏付けるものとして挙げられている。

ハレイとシダニウス (Haley & Sidanius, 2005) は,組織と個人の適合性をもたらすものとして,個人が自らの社会的政治的信条に合う組織を選ぶ「自己選択」,組織が組織の風土に合う人材を採用する「組織選択」,組織の人間として活動する過程

で考え方や行動様式が形成される「組織による社会化」,組織に合う人間のほうが組織内で成功する可能性が大きくなる「差別的達成」,組織に合わない人間のほうが組織から離脱する可能性が大きくなる「差別的離脱」という5つのプロセスを挙げている。これら5つのメカニズムが密接に関連しながら組織の階層維持機能が堅持,強化されるといえる。

⑥社会的支配志向性の進化的起源

社会的支配理論が前提としている「われわれの中に潜在する集団間の序列や格差を肯定する態度」はどこから来ているのであろうか。われわれは,なぜこのような反平等主義的な志向性をもつようになったのであろうか。シダニウスらは,社会的支配志向性の進化的起源に言及しているが,この点も本理論の重要な論点といえる (Sidanius, Pratto et al., 1994; Pratto et al., 1997)。彼らは,その論拠として,一般に女性に比べ男性の社会的支配志向性が強いこと,男性はどちらかというと階層増強的性格をもった地位や役割を得ることが多いが,女性は階層減衰的性格の地位や役割に就くことが多いこと,外集団に対する攻撃性が女性より男性に強くみられること,加えて,女性より男性のほうが攻撃や暴力の標的にされる場合が多いことを挙げている。これらのことから,男性は強い支配志向性をもつことが,配偶相手の獲得競争に勝ち抜き自己の遺伝子を残すうえで有利に働いたため,このような心性を進化の過程で獲得してきたという主張が展開されている。

ナヴァレットらの行った一連の実験は，一つの傍証として挙げられている。これらの実験では，恐怖条件づけのパラダイムを用い，参加者に外集団（他人種）の人物の顔写真と恐怖刺激を繰り返し対提示し，顔写真に対して恐怖反応が引き起こされるように条件づけられる。そのあと，両者の連合を消去する手続きが実施された。すると，恐怖条件づけがなされた顔写真が，女性であるより男性であるほうが，消去されにくいことが見出された。条件づけられる刺激が生得的に恐怖の対象としてみなされやすいものであるほど，消去抵抗が大きいと考えられていることから，この反応傾向には生物学的基盤があると推定される（Navarrete et al., 2009）。加えて，外集団の男性に対する恐怖反応固執バイアス（消去抵抗）は，男性の場合は社会的支配志向傾向と関連していたが，女性の場合は，レイプへの恐怖と関連することが確認されている（Navarrete et al., 2010）。本理論では，生物学的起源をもつ社会支配的志向性が性差別（セクシズム）を中核として，社会に遍在するさまざまな差別を派生させているという考え方がなされている。

（4）社会的支配理論の限界

以上に見てきたように，社会的支配理論の最大の貢献は，われわれは，多かれ少なかれ，集団間の序列や格差を肯定する態度を根底に潜在させており，そのような態度もしくは志向性が特定の階層神話（思想，信念，固定観念）と結びつくことによっ

て，種々の差別 - 被差別関係が形成，維持されていくメカニズムを鋭く描き出したことであろう。そこで中心的役割を担っているのが「階層神話」である。社会に流布するさまざまな言説が，その信憑性について厳格な精査もなされず，あたかも「神話」のごとく階層を超えて広く人々の心に浸透し，既存の社会構造を維持，強化するように作用する。そのようなメカニズムの発生源を生殖という生物学上の理由にすべて帰着させうるかどうかは，議論の余地があるかもしれないが，本理論は，イデオロギーによる巧みな社会的支配がいかに具現化されるかを鮮やかにとらえている点で卓越している。ただ，社会的支配志向性尺度でとらえられる集団間の関係に対する一般的見解は，集団間の優劣や支配・被支配関係をあからさまに肯定するものであり，平等主義教育を受けて育った現代人にどのくらい妥当するのかはいくぶん疑問が残る。これに対して，このように集団間格差を直截に肯定するのではなく，もっと巧妙な，ある意味まわりくどい表現様式を取りながら，不平等の容認に至る心的プロセスに言及しているのが次節で述べるシステム正当化理論（system justification theory）である。

2　システム正当化理論

2003年3月，アメリカがイラクに侵攻した。イラクが大量破壊兵器を保有している可能性があるからというのが主たる理由

であった。しかしながら、この開戦に関しては、国際社会だけでなく、アメリカ国内においても賛否が相半ばしていた。ところが、開戦直後の世論調査では、イラク開戦に対するアメリカ国民の支持率は一気に72%まで跳ね上がっている。支持率の上昇は、共和党支持者のみならず、無党派層や民主党支持者においても少なからず認められたという（Jost et al., 2008）。筆者は、その頃、たまたまアメリカに滞在していたが、イラク開戦前夜、アメリカ全土が緊迫した空気に包まれていたのを今でもよく覚えている。なかでも印象的だったのは、当時、知り合ったあるアメリカ人研究者の発言だった。彼は私に、「自分は民主党支持者でありイラク開戦にはずっと反対してきたが、開戦が現実となった以上、これを受け入れ、ブッシュ大統領の決断を支持したいと思っている」と言った。それはまさに、「酸っぱいブドウ」ならぬ「甘いレモン」の論理さながらに苦々しい現実を合理化しようとしていた当時のアメリカ国民の心情を代表しているかのようであった。

ジョストらは、人間には基本的に現状を維持し肯定しようとする動機があることに注目し、そのため現行の社会システム（政治、経済、社会的慣習等）を、単にそれらが現に存在するというだけの理由から、公正で正当なものであると認識しようとすると主張した。その結果、不合理な社会体制の変革がしばしば妨げられることになると述べている。これがシステム正当化理論（system justification theory）の要諦である（Jost & Banaji,

1994; Jost et al., 2008; Jost et al., 2010; Kay et al., 2009)。

興味深いのは，現行のシステムの中で有利な立場にある者だけでなく，不利な立場に置かれている者においても，この傾向が同じように，場合によってはむしろより強く見られる点である。なぜなら，一般的には，有利な立場に置かれている者にとっては，現行のシステムを正当化することは，自分自身の利益や自分が所属する集団の利益に合致するが，不利な立場にある者にとって，それは自己や所属集団の利益と矛盾することが予想されるからである。自由主義経済を正当化することは，富裕層には都合がよいが，貧困層には不都合であろう。学歴社会を正当化することは，高学歴の者には都合がよいが，学歴の低い者には不都合なはずである。しかしながら，システム正当化理論では，自己や所属集団の価値や利益を犠牲にしてでも，人々は社会全体の現行のあり方の正当性を信じようとする傾向にあると論じられている。その背後には，いったいどのような心理が働いているのであろうか。以下に，ジョストらを中心とした研究を足がかりに考察していく。

(1) 苦痛緩和機制としてのシステム正当化

混沌として無秩序な世界，将来の予測が困難な不確実性の高い世界は，誰しも不安を覚えるだろう。自分が身を置く世界は矛盾なく首尾一貫しており確定性の高いものであると信じることによってわれわれは心理的安寧を得ることができる。ジョス

トらは，システム正当化動機は，こうした認識論的ないし存在論的欲求に根ざしていると主張する。そして，これらはきわめて根源的な欲求であるゆえに，人々は，個人や所属集団の利益や価値を犠牲にしてでも社会全体，その根幹を形成するさまざまなシステムの正当性を確証することを優先させると述べている（e.g., Jost et al., 2008）。

ジョストらが最近行ったある調査（Jost et al., 2012, 研究1）では，アメリカの大学生を対象に，多額の負債をかかえた金融機関に公的資金を投入し救済するというアメリカ政府のとった政策に対して抗議したいかという質問への回答を求めている。すると，経済格差が生まれるのは不合理なことではないという信念を強く持っている学生ほど，抗議意図が弱いことが見出された。また，そのような信念が希薄な学生の場合でも，自分の身が危うくなるなど自己の存在の不確かさを感じた過去の個人的経験を想起させられていた者は，抗議意図が弱まることも見出されている。同じくイギリスの教職員組合の構成員を対象に実施した調査（Jost et al., 2012, 研究3）では，イギリス社会全体のかかえる問題点を想起させた後，教員の待遇改善のための抗議行動に同調するかどうかを尋ねている。すると，現行社会の問題点を認識することによって，教職員組合の一員としての自覚が高まり，その結果，政府に対する怒りを強く感じるようになり請願書への署名意志が強まることが見出された。ところが，その一方で，現行の社会制度の問題点を認識することが，

同時に現行の社会制度を肯定視する態度を強め，その結果，怒りの感情が抑制されるという心的過程が働くことも示されている。

①所属階層とシステム正当化

ジョストらはまた，階層システムの中の上位に位置する人たちと下位に位置する人たちの心理にも言及している。先述したように階層の上位にいる者にとっては，既存のシステムは自己利益に一致する。しかしながら，上位者は同時に自分たちがその恩恵を受ける資格があるという確信が得られなければ，そのシステムの下で虐げられ階層の下位に置かれている者に対して罪悪感を感ずることになるであろう。この罪悪感から逃れるためには，既存のシステムを正当化する必要がある（e.g., Jost et al., 2008）。

一方，階層の下位にいる人たちは，当然，現行の体制に対して不満や怒りの感情を抱くであろう。しかしながら，現状を打開するために行動を起こすことは案外少なく，むしろ，現状に適応（順応）することで怒りや不満を沈静化させるという。そのほうが，精神衛生上は好ましいからである。事実，ジョストらの行ったある調査では，「社会経済的格差は人々の上昇志向を駆り立て勤労意欲を高めるために必要である」という意見への支持率が，高所得者より低所得者において高いことが示されている（Jost, Blount et al., 2003, 研究3）。

②経済格差とメリトクラシーのパラドクス

また，ジョストらは，「所得格差はアメリカの繁栄のために

必要である」という項目に賛同する程度(経済格差を正当化する度合)が,親の学歴や収入により指標化された社会経済的地位の高い層より低い層のほうが,また白人より黒人のほうが強いことも見出している(Jost, Blount et al., 2003, 研究5)。それによると,経済格差の正当化はメリトクラシーの肯定と密接に関連しており,さらに,メリトクラシーを肯定している者ほど経済的満足度も高くなる傾向がみられている。しかし一方で,経済的満足度は,明らかに白人より黒人のほうが低かった。ここから,現状に不満のあるはずの黒人が,その不満をもたらす現行制度の正当性を白人よりも信じているという奇妙な構図が見て取れる。

　加えて,彼らは,貧困層のうち,貧困を自己責任と捉えている人たちのほうが,外的要因(e.g., 社会制度の欠陥)に帰す人たちよりも幸福感や満足感が高いという研究報告(Kluegel & Smith, 1986)を例に挙げ,現行のシステムの下で不利益を被っている者ほど,自分を納得させるために,システムを正当化する必要が高まるという皮肉な状況が生み出されると論じている。すなわち,富裕層も貧困層もメリトクラシー(エリートによる支配)を肯定することで,それぞれ苦痛を緩和し心理的安寧を得ているといえる(Jost, Blount et al., 2003; Jost & Hunyady, 2002; Jost et al., 2008)。

　以上①と②の見解を整理しまとめたのが図1-2である。

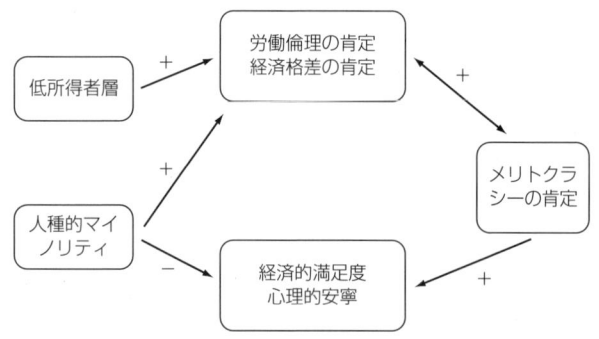

図1-2 経済格差とメリトクラシーのパラドクス
注:＋は「促進」、－は「抑制」を表す。

③女性の虚偽意識

このようなパラドクスを示した研究は他にも挙げることができる。エール大学の学生を対象としたある実験では、女性はみずから男性より能力が劣ることを認め、低い報酬に甘んじようとする傾向（depressed entitlement）にあることが明らかにされている（Jost, 1997）。実験に参加した男女大学生は、ネット・ショッピングの利点と難点を挙げるよう求められ、自分の遂行結果を自己採点し、それに見合うふさわしい報酬額を答えるよう求められた。図1-3をみてわかるように、男子学生に比べ女子学生は、概して自分の遂行結果を単純で独創性に乏しいと低く評価し、支払われるべき報酬額も少なく見積もっている。しかし、参加者全員の遂行結果を第三者に評価させたところ、男女で遂行結果の質に違いは見出されていない。自らの社

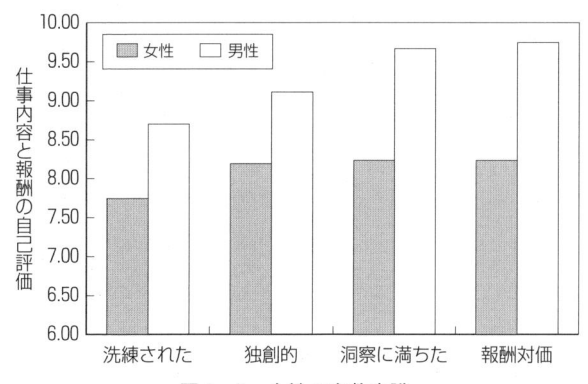

図1-3 女性の虚偽意識

出所：Jost & Hunyady (2002), p. 139.

会的価値を実際より低く誤って認識する女性の意識のあり方が浮き彫りにされる結果となった。このような虚偽意識（false consciousness）もしくは劣等性の内面化（internalization of inferiority）が，男性優位社会の正当化につながることは想像に難くないであろう。女子学生は，男性中心社会に異議申し立てを行う努力をみずから放棄しているかにみえるからである。

加えて，この研究の対象者が全米でもトップクラスの大学，しかも男女同権意識がかなり高いと考えられる大学に在籍する女子学生であったことを勘案すると伝統的価値の変革がいかに困難であるかを痛感させられる。このように，社会的弱者に対して形成される実態と遊離した固定観念（ステレオタイプ）を当事者である弱者自身が内面化することにより差別的な社会構

造が維持されていく現象は、さまざまな形をとりながら社会に遍在している（Jost & Banaji, 1994）。

（2）保守主義としてのシステム正当化

既存のシステムの正当性が心理的安寧をもたらすのであれば、そのシステムは盤石である必要がある。しかしながら、実際には、システムを脅かすような出来事はしばしば起きる。そのようなとき、当該システムを正当化しようとする動機が一段と強まることがわかっている。

①9.11とシステム正当化

それを端的に示す例として、ジョストらは、イラク戦争の誘因ともなった2001年に起きた9.11同時多発テロ事件前後のブッシュ政権の支持率を挙げている（Jost et al., 2008）。9.11以前のブッシュ政権の支持率は50％程度であったが、事件の直後、一気に90％近くに上昇し、その後も支持率は70％を上回る高い水準を維持し続けた。ランドーらが事件の2年後に行った実験でも、9.11事件を想起させただけでブッシュ政権に対する支持的態度が強まることが示されている（Landau et al., 2004）。いうまでもなく、この事件は、大勢の人々の命を危険にさらすテロの恐怖を見せつけるものであったが、同時にアメリカの威信を大きく傷つけ、時の政権基盤を揺るがしかねない重大な出来事でもあった。ただ、それゆえに、アメリカ国民は現体制の正当化（国体の護持）に躍起になったといえる。テロを事前に防止

できなかったという点で当政権に落ち度があったかもしれないのに、国家の体制が根底から覆るような事態を人々は避けようとしたと考えられる。

テロの恐怖が、人々の態度を保守的な方向に変容させることは、スペインの研究者によっても検証されている（Echebarria-Echabe & Fernández-Guede, 2006）。2004年3月11日、スペインの首都マドリッドでイスラム系のテロリストによる鉄道爆破事件が起きた。彼らは、この事件の前後に人々の人種的偏見や思想信条を測定する質問紙調査を実施している。調査対象者は事件の前後で異なるが、両標本の性別、年齢、社会階層における等価性は保たれていた。その結果をみると、事件後、反アラブ主義的態度が強まっただけでなく、反ユダヤ主義や権威主義も増大し、また、種々の社会問題に関して保守主義志向が強まり、自由主義志向が弱まった。

②社会不安とシステム正当化

テロのような極端な出来事でなくても、既存のシステムへの脅威が何らかの形で知覚されると、人々がこれを防衛しようとすることは、さまざまな実験によって確かめられている。ある実験では、アメリカ人の参加者を2つのグループに分け、一方には「多くのアメリカ国民は、アメリカの社会、経済、政治がとみに悪化していることに失望し、国外への移住を希望する人が増えている」とアメリカの現行システムが危機にさらされていることを訴える記事を読ませ（高脅威条件）、もう一方には、

「幾多の困難にもかかわらず，多くのアメリカ人は，アメリカの社会，経済，政治は，安定していると感じており，他国と比べても情勢は良好で，国外への移住を希望する人はほとんどいない」というようにアメリカ社会の安泰を謳う論調の記事を読ませた（低脅威条件）。ところが，そのあと，アメリカの政治制度や経済システムの是非に関する質問に回答を求めたところ，危機感を煽られたグループのほうが，そうでないグループより，「アメリカの政治制度はうまく機能している」「アメリカの自由市場は公正に取引されている」という意見項目をより強く肯定したのである（Liviatan & Jost, 2008: Jost et al., 2010に依拠）。

(3) 伝統回帰とシステム正当化

社会に対する不安や危機感が人々を保守化させることは，もっと間接的な形をとって表れることもある。すなわち，現行の政治や経済の仕組みを直接肯定するのではなく，抽象的な伝統的価値やイデオロギーを肯定することによって間接的に不安や危機感を緩和するというものである。ここでは，社会に伝統的に根付いているイデオロギーとシステム正当化動機との関連をみた研究を紹介しよう。

①伝統的性役割観

カナダの男子大学生を対象としたある実験では，カナダの社会，経済，政治状況について，上述したのと同様の危機意識を煽るような記事を読ませた後，複数の女性のプロフィールを提

示し、恋人としてどの程度交際したいか尋ねている（Lau et al., 2008）。プロフィールは2種類あり、一つは、傷つきやすく純真で、男性に尽くすタイプの女性として、もう一つは、キャリア志向や党派心が強く、社会運動にも熱心な女性として描かれている。すなわち、前者は伝統的な性役割観に合致する女性、後者は進歩的な性役割観に合致する女性であるといえる。すると、現行システムへの危機意識を高められた男性グループは、そうでない男性グループに比べ、進歩的な性役割観に合う女性より伝統的な性役割観に合う女性のほうに好意を示したのである。伝統的な性役割観への親和性は、男女の間の格差や不平等を肯定し性差別を助長する可能性がある。しかしながら、この実験の結果は、現行の社会体制への脅威が、男性に伝統的な思想や既成の制度を尊重し、その変革に反対する立場をとる保守主義への回帰を促したことを示唆している。

②結婚神話

シングリズム　私たちは、しばしば、独身でいる人に対して「早くいい人を見つけて結婚すればいいのに」とか「誰か適当な相手はいないのかしら」などと口にすることがある。もっとも時と場合によっては、これはセクシャル・ハラスメントに該当することになりかねないため、最近では、あまり聞かれなくなったかもしれない。けれども、人々の間で、独身者は既婚者に比べあまり幸せでないといったステレオタイプなイメージが根強くもたれていることが、最近の研究でも報

告されている（DePaulo & Morris, 2005, 2006）。このような独身者への偏見や差別（シングリズム）は何に由来しているのであろうか。

　デイたちは、シングリズムの背景には、男と女が持続的で安定した関係、相互に扶養の義務を負う関係を形成していることが人間社会のあるべき姿であるとする伝統的なイデオロギー（Committed Relationship Ideology）が存在すると述べている（Day et al., 2011）。その理想的な形態が結婚（法律婚）ということになる。「結婚イデオロギー」がなぜ生まれたかについては、いくつか考え方があり、種の保存にとって有利だからといった進化論的な観点から説明を行うことも、社会の経済的繁栄に役立つからといった功利（実利）的観点から説明を行うことも可能である（DePaulo & Morris, 2005）。これに対して、デイらは、結婚制度には社会的規範への遵守を促し、現行の社会政治体制を維持し強化する機能が担わされていると論じている。「結婚」は秩序と安定の代名詞なのである。したがって、彼らは、現行の社会政治体制への脅威が知覚されると、人々は結婚イデオロギーへの信奉を強めることによって補償的に対処しようとするであろうと予測した。

シングリズムとシステム正当化　デイらはカナダの大学生を対象に一連の実験を行っている。まず、上記に紹介した研究と同様に、カナダの政治的、経済的状況に対する危機意識を高める記事とそうでない記事を用意し実験参加者に読んでもら

う。前者はシステムへの脅威の大きい条件，後者は脅威が小さい条件である。そのあと，独身者と既婚者の精神的健康度を比較した研究報告を紹介する。研究報告には2種類あり，一つは独身の人に比べ配偶者のいる人のほうが，精神的健康度が高いという内容であり，もう一つは逆の結果を示す内容となっていた。前者は結婚イデオロギーを支持する知見，後者は支持しない知見といえる。参加者には，いずれか一方の研究報告を読んでもらい，意見を述べるように求める。記述された意見を分類し研究報告に批判的な内容の意見の数を計数して比較している。

その結果，システムへの脅威が強く喚起された条件において，結婚イデオロギーを支持しない研究報告への批判的意見が増えるという傾向が見出された。ただし，このような傾向は男性のみで認められ，女性では認められなかった。さらに，結婚イデオロギーに脅威を与えるような情報（離婚の増加など結婚がいかに不安定で脆いものであるかを示す新聞記事）を提示すると，現行の社会体制を支持する態度が強まることも確認されている。ただし，この傾向も女性では認められず，男性のみで認められている。

これは，男性の場合，女性に比べ，現行の政治経済体制と結婚制度を強く結びつけてとらえていることを示すものである。デイらの説明によれば，男性は，安定した男女の関係が，自己利益に直結する現行の社会体制の維持に必要であるとみなしているがゆえに価値を置いていることになる。そして，女性は，

一般的に結婚や恋愛に価値を置くと考えられているが,それは個人的なアイデンティティを維持するためにこれらを必要としているのであって,社会体制の維持とは独立にとらえているのではないかと考察されている (Day et al., 2011)。

「結婚」を肯定すること自体に問題はないかもしれない。しかし,現行システムの正当化動機と結びついたとき,それは非伝統的なライフスタイルを取る人たち(独身主義者,同性愛者など)への偏見,差別を助長する可能性のあることは否定できない。

③アメリカン・ドリーム

私たちは,「頑張ればうまくいく」,「努力すれば報われる」と信じたいと思っているのではないだろうか。あるいは,世の中は,そうあってほしい,そうあるべきだと考えているであろう。努力と勤勉が成功をもたらすという考えは,アメリカ社会の伝統的な思想でもある。レジャウッドらは,このようなアメリカン・ドリームが脅かされる場面に遭遇すると,人は認知レベル,行動レベルで,これを防衛しようとすることを実証している (Ledgerwood et al., 2011)。

この実験では,まず,アメリカの大学生にアメリカの政治,経済,社会の低迷を告げる記事か,それらの安泰を伝える記事のいずれかを読ませ,知覚されるシステム脅威の水準が操作された。そのあと,勤勉さと成功の関係を調べたさまざまな実証的研究の解説記事を提示する。実証的研究は,大きく2種類に

大別され，一つはアメリカン・ドリームを支持する（勤勉な人ほど成功することを示すデータが提示されている）ものであり，もう一つはアメリカン・ドリームを否定する（勤勉な人が成功しているわけではないことを示すデータが提示されている）ものであった。それぞれの研究の質について評価させたところ，参加者はアメリカン・ドリームを否定する研究より支持する研究のほうを概して高く評価し，その傾向はシステムへの脅威が強く知覚されたときに特に増大した。システム防衛機制としてのアメリカン・ドリーム擁護バイアスが認知レベルで示されたといえる。

さらに，このバイアスが行動レベルにも反映されることが示されている。彼らは，同じくアメリカの大学生を対象にアナグラム課題（文字を並べ替えてできるだけたくさんの単語を作る課題）に取り組ませる実験を行った。半数の学生には，この課題の成績は努力次第であると告げ，残り半数には運によるところが大きいと告げた。このような場合，通常人々は，運ではなく努力次第であると告げられたほうが，課題に懸命に取り組むであろう。ところが，研究者から研究の目的があたかも努力とアメリカ社会での成功の関係を調べることにあるかのように説明されると（課題の説明の冒頭に「まさにアメリカ社会のように」という文言を添えて説明されると），努力より運によって決まるといわれた学生のほうがむしろ課題に懸命に取り組んだのである。運が結果を左右するという考えは，アメリカン・ドリーム

を脅かすものである。そのようなことは，あってほしくないことであり，あってはならないはずのことなのである。そのため，アナグラム課題の遂行がアメリカン・ドリームの正当性の検証に結びつくと思わされたことで，自らの行動によってそれを確認しようとしたといえる。自分自身がアメリカン・ドリームの体現者となることで，伝統的価値が健在であることを証明しようとしたといってもよい。

なお，努力すれば夢がかなうという考えは，夢をかなえるために努力する権利すら奪われている人たち（努力したくても劣悪な環境によってそれが阻まれている人たち）の存在を忘れさせ，あるいは，成功に縁のない人たちを努力しない人たちというように切り捨ててしまう恐れを大きくすることに留意する必要がある。

④アファーマティブ・アクション

誰しも，才能や努力がありながら，旧い道徳観や因習，偏見や差別のために不利な立場に置かれ続けてきた人たちを救済すべきであると思うであろう。このような考えのもとに生まれた制度にアファーマティブ・アクション（積極的差別是正措置）がある。具体的には，雇用や教育などにおいて，従来差別されてきた女性や少数民族を優先的に採用したり，入学させるといった措置を指す。こうした施策を取ることにより不平等な実態を是正し，「結果の平等」を実現することが可能になる。ただし，このような措置に対しては，「逆差別」ではないかとか，

優遇措置を受けた者の実力が過小に評価される恐れがあるのではないかといった批判もある。けれども，アファーマティブ・アクションは，あくまで能力や適性が同等である場合を前提としているので，この批判はあたらないとされている（Pous, 2003）。しかしながら，いかなる選抜もあくまで個人の実力に基づくべきで，集団所属性を斟酌すべきでないという純粋な意味での「実力主義」の理念に反することは否めず，前項に述べたアメリカン・ドリームの価値観にそぐわないことは確かである。したがって，実力主義を標榜するアメリカ社会の現行システムの正当性を信じようとする者は，現制度の不合理を糾弾することを意味するアファーマティブ・アクションには否定的態度をとることが予想される。

このような予測を実証的に検討しているのがフェランとルドマンである（Phelan & Rudman, 2011）。彼らは，まずオンライン調査により参加者に現行のアメリカ社会を肯定的にみている程度（正当化している程度）と，アファーマティブ・アクションへの賛否を尋ねた。そして，この調査の回答者に「求職行動に関する研究」という名目で実験への参加を要請する。そして，実験の参加者に6つの企業の求人広告を読んでもらい，それぞれの企業に対する態度を測定した。求人広告は2種類用意されている。一つは採用において人種や性別，出自などにより偏りが生じないようにする平等主義（アファーマティブ・アクションの実現）を基本方針としている旨が記載されている。もう一

つは，採用における実力主義を強調し企業の発展に貢献できる優秀な人材を優先的に採用する旨が記載されている。

　企業への態度は顕在指標と潜在指標の2種類の指標により測定された。顕在指標は，意識レベルの態度を測定するもので，参加者に各企業についてどのくらい就職したいと思うかといった質問に回答してもらう。それに対して，潜在指標は，非意識レベルの態度の測度であり，近年よく用いられている潜在連合テストによって測定されている（Greenwald et al., 1998）。参加者は，ディスプレイに提示される企業名を見て「平等主義の企業」か「実力主義の企業」かを判断して左右に振り分け，対応するキーを押すことを求められる。ディスプレイには，同時に良い意味の単語（善，正義，愛，美など）と悪い意味の単語（悪，不正，災害など）も提示され，それらが「良い」意味の単語か「悪い」意味の単語かに応じて振り分けることも要求される。「平等主義企業」の名前と「良い」意味の単語を同じ側に振り分ける場合と「平等主義企業」の名前と「悪い」意味の単語を同じ側に振り分ける場合とではどちらが容易かを反応時間の短さによって推定する。もし前者の反応時間のほうが短ければ，「平等主義企業」は「良い」という評価概念とより強く結びついているとみなされる。

　分析の結果，全体的には，実力主義の企業より平等主義の企業のほうが顕在レベルでも潜在レベルでも好感をもたれていることが示された。また，男性より女性が，白人より非白人が，

平等主義の企業に好感を抱き，アファーマティブ・アクションに賛同する傾向が強いことが確認されている。加えて，女性は男性に比べ，非白人は白人に比べ，現行の社会システムには否定的であった。しかしながら，男女を問わず，また白人，非白人を問わず，企業に対する評価は，アファーマティブ・アクションへの賛否と密接に関連していた。そして，現行の社会システムに肯定的である者ほど，「平等主義企業」に対して否定的になる関係がみられ，また，それはアファーマティブ・アクションへの賛否によるものであることが明らかにされている。これは現行のシステムを正当化しようとする動機が，不平等な実態を是正し社会に変革をもたらしうる社会政策の実現を阻害する可能性のあることを示すものである。

⑤ナショナリズム

国旗の効果　本節の冒頭で筆者はイラク開戦当時アメリカに滞在していたことを述べた。当時を振り返って思い起こされることがもう一つある。それは，開戦直後より街を走る車がこぞって小さなアメリカの国旗（星条旗）を付け始めたことである。家々の玄関に国旗が掲げられている光景もよく目にした。そして，テレビをつけると全米向けの報道番組では画面の片隅に決まって星条旗のマークが表示されていた。国旗は国威の発揚や愛国心の喚起に役立つからだろうと思っていたが，それだけではないらしい。

国旗には国家の現行システムの正当化を促す効果があること

が，最近，カーターとファーガソンによって検証されている（Carter & Ferguson, 2011）。彼らの行った実験はごく単純なものである。実験の参加者に，インターネットの掲示板に提示されるアメリカ社会の正当性にかかわる意見項目（「アメリカの政治制度はうまく機能している」「アメリカの自由市場は公正に取引されている」など；Kay & Jost, 2003）についてどのくらい賛同できるかを回答するよう求めている。このとき半数の参加者はスクリーンの左上の隅に星条旗が表示され，残り半数の参加者は表示されない。すると，星条旗が表示された条件の回答者のほうが，表示されなかった条件の回答者より，システムを肯定する度合いが高くなるという結果が見出されたのである。ただし，この星条旗の効果は，日頃から政治問題に関心を持ち関連する報道に注意を払っている者にのみ認められている。

　彼らによれば，われわれは自分の国に関するさまざまな知識や信念を心内に集積し保持しているとされる。自国の人たちの物事に対する態度や考え方などの国民性，国家を代表する人物，国民に求められている規律，国家としていかにあるべきかを示す規範など，その内容は多岐にわたっている。そして，国家を想起させる手がかり（国旗，シンボル）が知覚されると，それらの表象が直ちに自動的に活性化する。問題は，国家に関する表象が活性化されると，なぜそれらを正当化する動機が強まるのかという点であろう。彼らは，そこにメディアによる報道が，とりわけ政治問題に関連する報道が重要な役割を果たしている

と主張する。

報道とシステム正当化 政治問題を取り上げる報道番組では、国家の抱えるさまざまな問題（防衛問題、社会保障問題、エネルギー問題など）について、有識者の間で議論が交わされる。論争に加わるメンバーの政治的立場や主義信条も多彩である。しかしながら、視聴者がそこから感じ取るのは、論争の最終目標が、国益を守り国家の体制を維持する方策を見出すことにある点である。この点は、党派や政治的立場が異なっても変わらず共通している。つまり、国益は守られなければならないもの、国家なるものは維持されなければならないものであるという大前提のうえに立って皆が論争しているといえる。この暗黙裡に置かれている大前提が視聴者の脳裏に浸透し、「国家＝体制維持」という連合が形成され表象される。その結果、手がかりとなる刺激（国旗など）から「国家」が連想されると「体制維持」的態度が喚起されやすくなるのである。

彼らの主張に基づくと、メディアは、顕在化される意識のうえでは、特定の党派や主義信条への支持を促す働きをするが、潜在意識のレベルでは、国家に対する包括的態度の形成という別の役割も同時に果たしていることになる。国家は政治、経済、文化が渾然一体となった一つのシステムとみなせるため、人々は立場を超えて自分が所属する国家の体制を正当化するように動機づけられているといえる。「愛国心」や「憂国の情」は、システム正当化動機の発露なのである。保守、革新といった政

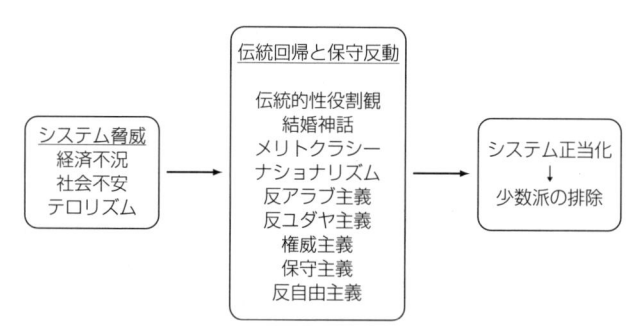

```
┌─────────────┐      ┌──────────────┐      ┌─────────────┐
│ システム脅威 │      │伝統回帰と保守反動│      │システム正当化│
│  経済不況   │─────→│ 伝統的性役割観 │─────→│      ↓      │
│  社会不安   │      │   結婚神話    │      │ 少数派の排除 │
│ テロリズム  │      │ メリトクラシー │      └─────────────┘
└─────────────┘      │ ナショナリズム │
                     │  反アラブ主義  │
                     │  反ユダヤ主義  │
                     │   権威主義    │
                     │   保守主義    │
                     │  反自由主義   │
                     └──────────────┘
```

図1-4 システム脅威とシステム正当化

治的立場にかかわらず，人々は根本においてナショナリストなのかもしれない。

以上，①〜⑤の議論を集約したものが図1-4である。

(4) システム正当化の多水準性と代替可能性

以上にみてきたように，人々が現状を維持するための反応様式は実に多種多様である。システム正当化理論では，正当化の対象となるシステムは特に限定されているわけではなく，かなり広範囲にわたり漠然としている点は否めない。現政権を指すこともあれば，国家の政治，経済，社会体制全般を指すこともある。あるいは，国家を超えて存在する資本主義や民主主義，メリトクラシーに基づいた諸制度，あるいは時代を超えて存続してきた性別役割分業体制や結婚制度など，かなり抽象的で一般的なものまで含まれる。その一方において，自分の所属する企業や学校，家族など，身近にある具体的で比較的小規模な集

団・組織の維持を指すこともある。興味深いのは，人々は，脅威にさらされている特定のシステムそれ自体を必ずしも防衛しようとするわけではない点である。

ワクスラックらの研究結果がそのことをよく表している（Wakslak et al., 2011）。彼らの研究では，アメリカ社会の危機的状況を訴える記事を読んだ高校生が，アメリカの政治，経済をより強く肯定するようになっただけでなく，自分の高校の友人ネットワークが良好に機能していることを強く主張するようになることも見出している。一方，高校生の友人関係形成に憂慮すべき問題が生じていることを示唆する記事を読んだ生徒は，自分の高校の友人ネットワークを肯定する態度を強めるだけでなく，同時にアメリカの社会体制全般を支持する態度を表明する傾向を強めたと報告している。

これより彼らは，ある社会システムが脅威にさらされたとき，別のシステムを正当化することによって脅威に対処する心的メカニズムがわれわれの中に備わっているのではないかと結論している。そして，もしそうであるなら，たとえば，アメリカの金融システムが機能不全に陥り危機的事態になったとき，自分の家族や企業の安全が保障されるなら，現行の金融システムを維持防衛する必要性が消失し，制度改革に対する抵抗が弱まるかもしれないとも述べている。

いずれにせよ，人々が守ろうとしているのは，特定の具体的なシステムではないことが伺える。それでは，人々はいったい

何を守ろうとしているのであろうか。次項では，システムを正当化しようとする動機の背景にあるもっと深い心理的理由を探ることにする。

(5) 保守主義の心理的源泉

ジョストらは，政治的保守主義の本質は，変化への抵抗と格差・不平等の是認であると論じ，人々が政治的保守主義に傾倒する背景には不確実性が増すことを避けようとする心理と自己の存在基盤が脅かされることを防止しようとする心理が働いていると述べている（Jost, Glaser et al., 2003）。そして，外的事象により不確実性や脅威が増大したとき，それへの対処として種々の社会認知的動機が喚起され保守的態度が導かれることを説いている。これら社会認知的動機は，大きく認識論的動機，存在論的動機，イデオロギー的動機の3つに分類される。認識論的動機には，曖昧さへの不寛容，不確定性の回避，規則性・閉合性への希求が含まれる。存在論的動機には，自尊心の維持，損失防止，死の恐怖の抑圧が含まれる。イデオロギー的動機には，利己心の合理化，集団間格差の肯定，そして既存のシステムの正当化が挙げられている。政治的保守主義とは，まさにこれらに動機づけられた社会的認知の複合的所産といえる。以上の議論を包括的に示したものが図1-5である。

この枠組みの中では，システム正当化動機は，政治的保守主義の一端を担うものとして位置づけられている。このモデルは，

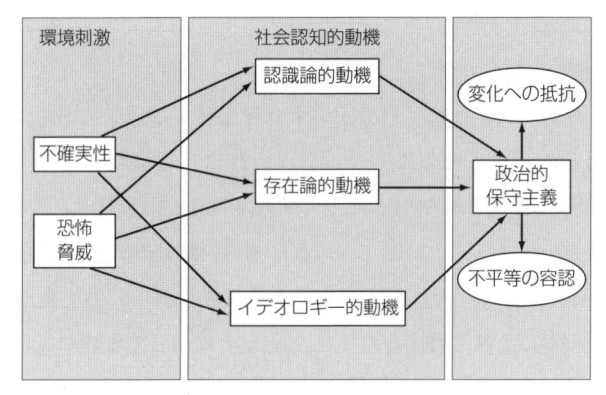

図1-5 保守主義の心理的源泉

出所：Jost et al. (2003), p. 368. (一部省略)

保守的態度の深層にある心理を分析することにより，概念的には異なる変化への抵抗と格差・不平等の是認が，実は共通の根源的不安に根ざしていることを示している点が注目される。このことは，人々が心の奥深くに格差や不平等を肯定しようとする態度を潜在させているという本書の主張と符合している。

①存在論的不安

このモデルの主張を裏付ける研究知見もいくつか提出されている。すでに紹介したランドーらの実験では，9.11事件を想起させるだけでブッシュ政権への支持的態度が強まることが示されていたが，彼らは，この実験の中で参加者に「死」について想起させることによってもブッシュ大統領や彼が推し進める反テロ政策への支持が強まることを明らかにしている。その傾向

は共和党支持者のみならず,民主党支持者にもみられた(Landau et al., 2004)。

われわれ人間は皆,自分がいずれ死を迎える運命にあることを知っている。そのことは,われわれに存在論的不安と苦悩(いずれは死ぬ運命にあるのに,なぜ生きるのかと煩悶すること)を喚起する。ソロモンらは存在脅威管理理論(terror management theory)を提唱し,人間は死の脅威に打ち勝つために世界に意味と秩序を与える文化を生み出したと説いている(Solomon et al., 1991)。すなわち,自分が所属する文化が提供する世界観(e.g., 伝統,慣習,宗教など,世界とはどのようなところであり,どのように生きることが良いことなのかに関するメッセージの総体)を拠り所に人は自らの生に意義を見出そうとするというのである。したがって,こうした文化的世界観は不動である必要があり,存在論的不安(死の脅威)が顕在化すると,その必要性はますます強まる。既成の世界観への固執は保守主義に通ずることは論を待たないであろう。そしてテロリズムは,まさにこの存在論的不安を顕在化させると考えられる。

②統制感覚の補償

既存の制度を尊重し,擁護する態度の心理的源泉の一つとして,ケイらは人々の中にある統制感覚に言及している(Kay et al., 2008)。既に述べたように,人間は無秩序と混沌を嫌う傾向がある。そのため,自身を取り巻く環境や将来起きる出来事を自らの手でコントロールできると信じようとしているところが

ある。しかしながら、このような個人のもつコントロール能力に対する信念は時として脅かされることがある。そのようなとき、人は外的な力に期待をかけるようになるという。神仏や御上（時の政府）にすがる他力本願の心境に陥るのである。

統制感覚とシステム正当化　彼らは実験の参加者に、最近3カ月間に自分に起きた出来事のうち、半数には本人に責任のある出来事を想起させ、残り半数には本人には責任のない出来事を想起させた。これにより個人の統制感覚の高低を一時的に操作するのがねらいである。具体的には、後者において統制感覚が低くなると想定されている。そのあと、神の存在をどのくらい信じるか、あるいは、現行の政治体制を変えることにどのくらい抵抗があるかを尋ねている。すると、個人の統制感覚が一時的に低減した人たちは、神の存在（特に支配者としての神の存在）を肯定する態度が強まり、現行の体制（特に時の政府が善政を行っている場合）を変えることにより抵抗を示した。

また、彼らは、ある国際調査機関が実施して得た調査データを2次利用し、世界67カ国の国民（計93,122名）を対象に、個々人の統制感覚（人生をどのくらい自分の意志でコントロールできると思うか）の高低と政府に対する態度の関連を調べている。その結果、統制感覚の低い人たちほど、国民の自己責任に委ねるより政府がさまざまな責任を負うほうがよいと答える傾向にあった。これより彼らは、統制感覚の補償理論ともいうべき説

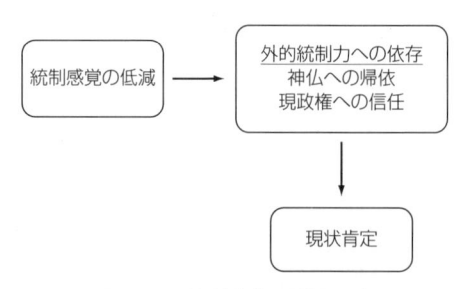

```
統制感覚の低減  →  外的統制力への依存
                 神仏への帰依
                 現政権への信任
                        ↓
                    現状肯定
```

図 1-6　統制感覚の補償理論
出所：Kay et al. (2008) に基づき作成。

を展開し，個人レベルの統制感覚が損なわれると，それを補償するために人は外的システムに依存しようとすること，そしてそれが結果的に保守的態度を導くことになると論じている（図 1-6 参照）。

　一方，自分が属する社会階層が低い（と主観的に感じている）人たちは，経済的不平等について，個人の能力や努力に帰する（内的帰属）よりは，政治や社会のあり方に原因を帰する（外的帰属）傾向にあること，それは彼らの個人的統制感覚が低いことによることが明らかにされている（Kraus et al., 2009）。こうした知見を考え合わせると，現行の制度で不利益を被っている貧困層の人たちほど，自らの統制感覚の欠如を補うべく，時の政府の力に頼ろうとし，結局，現体制の維持に寄与していくことになることが推測される。

他力本願と自力本願　もっとも，見方を変えれば，これらの知見は，人々の統制感覚を高めることが，

現体制の改革を動機づけるうえで重要であることを示唆しているともとらえられる。実際，上述の研究でも，実験の参加者に個人の統制力を実感することのできた出来事を想起させることにより参加者の統制感覚を一時的に高めると，事象の原因を外的に帰属する（他者の情動の原因を周囲の状況に帰する）傾向が弱まることが確認されている（Kraus et al., 2009, 研究4）。加えて，先述した統制感覚の補償理論を検証した研究でも，HIV感染者に対して政府が効果的な救済策を施せなかったと知らされた人たちは，効果的な救済策を施せたと知らされた人たちより，その直後に実施された知覚反応課題での個人的統制感覚が上昇していたことが示されている（Kay et al., 2008, 研究5）。

この知覚課題では，参加者は信号音に従ってキーを押すか押さないかを決定することにより，画面に緑色の円を出現させることが求められる。ただし，円の出現パターンは参加者のキー押しとは独立に予め実験者により設定されていた。したがって，参加者のキー押し反応と円の出現が連動することがあっても，それは偶然の一致にすぎないが，参加者には自分が制御したという感覚が生じる。この主観的統制感覚の強さが，外的システム（政府の施策）が効果を上げないと知覚されたとき増大したのである。外的システムへの期待が低下すれば，人々は自らの環境統制能力（自分の手で環境を変える力）への期待を上昇させ，自力本願に立ち返るといえる。

(6) 関係希求と保守主義

　前項において保守主義の心理的源泉として言及した存在論的不安や統制感覚の低減は，個人内部で完結しうる心的プロセスといえる。最近では，これら個人内過程に加え，対人過程と保守主義との関係にも関心が向けられつつある。

　チェンらの行った一連の実験は興味深い知見を提供している（Cheung et al., 2011）。実験の参加者は，インターネットを介して3人一組でキャッチボールを行うサイバーボール・ゲーム（Williams et al., 2000）に参加する。参加者とキャッチボールをする2人の相手は，実際には存在せず，コンピュータによって制御された架空の相手とゲームを行うようになっていた。このゲームでは，3人に同じ頻度でボールが回ってくるように操作されている条件と，参加者以外の2人の間だけでボールがやりとりされ，参加者にはボールがほとんど回ってこない条件が設けられている。前者の場合は，自分がグループに入れてもらっているという感覚を体験できるが（包含条件），後者の場合は，自分はグループから排除されているという感覚を味わうことになる（排除条件）。参加者には，ゲームを行う前に2人の相手がどのような人物か情報が与えられる。

　一つ目の実験では，ゲームの相手が自分よりも裕福な階層であると知らされる場合と自分と同程度の階層であると知らされる場合が設けられる。参加者は全員包含条件でゲームを行ったが，そのあと，参加者の「経営者」と「労働者」に対する態度

が潜在連合テストを用いて測定された。潜在連合テストとは，先述したように（36頁参照），概念間の連合強度を視覚運動課題での反応時間の速さにより推定するもので，非意識的レベルの態度を測定するために開発されたテストである（Greenwald et al., 1998）。この実験では，「経営者」と「労働者」のどちらの概念がポジティブな評価概念とより強く連合しているかが測定されている。「経営者」に好意的反応を示すほど，現行の資本主義社会のシステムに肯定的であるとみなされる。すると，自分より裕福な階層の相手とゲームをした人のほうが，自分と同じ階層の相手とゲームをした人より，現行システムを肯定する反応をより強く示したのである。

続く，第2，第3の実験では，参加者全員がゲームの相手は保守的で差別的な考え方をする人物（反黒人主義者，もしくは性差別主義者）であると告げられ，包含条件か排除条件のいずれかの条件の下でサイバーボール・ゲームを行った。そのあと，参加者自身の態度がどのくらい保守的で差別的であるかが潜在連合テストにより測定された。その結果，排除条件より包含条件でゲームを行った参加者ほど，黒人に非好意的な態度を示し，伝統的性役割に自己を同一視する傾向が強かった。さらに，ゲームの相手と食べ物の嗜好が似ているとか，誕生日が同じであるといったことが知らされると，排除条件の参加者も包含条件の参加者と同じように現システムを肯定するような反応を示すことが見出されている。

日常生活において，われわれはさまざまな他者とかかわり相互作用をもつが，上記の実験は，もしその相手が現行の差別的階層構造を支持する立場にある人間であるときは，その出会いが偶然的なものであっても，またそのつながりが皮相的なものであっても，比較的容易に相手の態度に同調するものであることを示唆している。

　一般に人間には他者との繋がりを希求する基本的動機があることはよく知られている（Baumeister ＆ Leary, 1995）。また，それゆえかもしれないが，他者と共有できる信念や価値観によりリアリティを感じるようになるとも考えられている（Hardin & Higgins, 1996）。上述の結果は，このような関係希求動機が日々のわれわれの判断や行動に強い影響を与えていることの証左と言えるが，現システムを肯定する態度もこうした動機の影響を少なからず受けていると推測される。これは，周囲の他者との摩擦を避け円滑な関係を維持する動機が働いた結果，現行の差別的社会構造が温存されていく可能性をうかがわせる興味深い知見である。もちろん，こうした知見も，裏を返せば，現行制度に批判的で社会変革を志す人たちとの日常的接触が，関係希求動機を介して人々を格差是背へ動機づける可能性を示唆していると受け止めることも可能である。

第 2 章

格差と序列を支えるイデオロギー

　このように人々は，たとえ現体制がさまざまな不合理や不平等を生み出している場合でも，基本的に現行の社会体制を維持，肯定しようとする。そこには，第 1 章で見てきたように人間にとって根源的とされるさまざまな動機が深く関与している。しかしながら，不条理な現実を肯定することに対して人々が矛盾や葛藤を感じないわけではない。われわれの多くは，人間はみな平等であることが望ましく，公正，公平に扱われなければならないと信じているからである。われわれは，差別や偏見はなくさなければならないと考えており，それこそが社会的正義であると信じている。それゆえ，ものを粗末に扱う人や，食べ物を惜しげもなく捨ててしまう人をみると，貧困や飢餓に苦しむ人たちのことを思い少なからず心に痛みを覚えるのである。また，いわれのない差別や偏見の犠牲になっている人たちを目の当たりにすると，憤りを覚え良心の呵責を感じるのである。ところが，このような葛藤や痛みをきわめて巧妙に緩和する心的仕組みがわれわれの中には装備されているのである。本章では，どのような仕組みによりそれが可能となるのかを見ていきたい。

1　公正的世界観

「正義」とか「公正」という言葉を耳にしたとき,多くの人は,法律や裁判を連想するであろう。法に照らして正しいかどうか,社会的規範や規則に反していないかどうか,あるいは判例からみて処罰は妥当であるかといったことが公正さの基準であると一般的には考えられている。しかしながら,心理学でとらえる公正さは,これとはやや趣が異なっている。

心理学では,ある人にもたらされた結果が,その人に見合うものであるかどうか,その人がその結果に値する価値をもっているかどうかについて人々が抱く印象や感情が問題になる。ある人が巨万の富を得る,ある人が重い病にかかる,ある人が幸福な結婚をする,これらを観察したとき,人々はその人がはたしてそれに値する人間なのかどうかに関心をもち,値すると判断されれば公正だと感じ,値しないと判断されれば不公正だと感じる。そして,われわれは,根底において,「世の中の人々は皆,それぞれその人の価値に見合う結果が得られるようになっている("People get what they deserve")」,つまり世界は公正であるはずだと信じている。それゆえ,この公正的世界観に反する事象に遭遇すると,「なぜ,あのようなよこしまな人間が得をするのだろう」「なぜ,あのような善良な人が苦しまなければならないのだろう」などと納得しがたいものを感じ,

それによりもたらされた不快な感情を解消するために,「きっと何か理由があるはずだ」というように自問自答するのである。理由もなく不幸に見舞われるような不条理に満ちた世界に生きることは耐え難いからである。

(1) ヴィクティム・デロゲーション（犠牲者への非難）

では，人はどのようにして理由を見出そうとするのであろうか。ラーナーらによる一連の研究が，一つの答えを示してくれている (Lerner & Miller, 1978; Lerner & Simmons, 1966; Hafer & Begue, 2005)。彼らが行った実験の参加者は，別の記憶実験に参加した女性が電気ショックにより苦痛を与えられている様子を，テレビ画面を通して観察する。その女性にはそのような苦痛を与えられる理由は見当たらず，理不尽な仕打ちを受けているようにみえる。ところが，参加者にこの女性はどのような人物だと思うかと尋ねると，皆，その女性の性格をけっして好ましくは語らなかったのである。さらに，女性の苦痛を補償する手だてがなく，これからも女性は苦痛を受け続けなければならないと思わされた場合ほど，その傾向は強かった。加えて，その女性が他人のために自ら苦痛を受けることを選択したと知らされると一層その傾向が強まったのである。

一見したところ，これは奇妙に感じられるが，その背後には公正的世界観を維持しようとする強い動機が存在する。われわれは理不尽な出来事の犠牲者をみるとまず救済しようと試みる

が，それがかなわぬと知ると，自分が信じている公正的世界観が脅かされたように感じる。そこで，その犠牲者にはそのような苦難を受けるだけの正当な理由があるのだと考えるようになる。彼女は実は偽善者であり，これまで多くの人を傷つけてきたのかしれない，今，その報いを受けているのだろうと……。犠牲者を非難し貶めること（ヴィクティム・デロゲーション：victim derogation）により公正的世界観への脅威に対処し，これを維持，防衛しようとするのである。このような心理は，社会的弱者，被差別集団などさまざまな社会的不正義の犠牲者に対しても働くことになる。そして，それは結果的に，不合理な社会体制を正当化することに繋がるのである。

（2）因果応報

「日頃の行いが悪いから〇〇になった」「日頃の行いが良いと〇〇のようになる」というようなことを私たちはよく口にする。このように過去の善いあるいは悪い行為が原因となり，その報いとして現在の幸不幸がもたらされるという考え方は，公正的世界観を維持するうえで非常に好都合である。カランらは，このような因果応報的推論と公正的世界観との関係を検証している（Callan et al., 2006）。

①交通事故は不徳の致すところか

実験の参加者は，道路を渡ろうとして車に跳ねられ重傷を負ったディヴィッドという男性について書かれた記事を読む。

記事は2種類用意され、一つは、ディヴィッドが旅行代理店に勤める女性と浮気をしていて、その女性とメキシコに旅行に出かける計画を立てていたと記されている。もう一つは、家族と休暇を過ごすためにメキシコ旅行を計画し、そのチケットの購入について旅行代理店の女性に相談していたと書かれていた。記事を読んだ後、参加者は旅行代理店の女性とのかかわりが交通事故にどのくらい関係していると思うか尋ねられる。いうまでもなく、客観的には両者の間になんら因果関係は存在しない。ところが、女性と浮気をしていたと知らされた参加者は、そうでない参加者に比べ、女性との関係と交通事故を結びつけて考える傾向が強かった。「日頃の行いが悪いから、天罰が下ったのだ」というように考えたといえる。なお、このような因果応報的推論は、認知的負荷がかけられ意識的な統制が弱まるほど顕著に表れることが別の実験で確認されている（Callan et al., 2010：図2-1参照）。

さらに、彼らは、ある出来事を見聞することにより公正的世界観が脅かされると、それとは関係のない別の事象に対しても因果応報的推論を働かせやすくなることを明らかにしている。実験の参加者は、まず、交際相手と性交渉を持ったためにHIVに感染したケリーという女性のビデオを視聴する。ビデオの内容により2つの条件が設けられていた。一つは、治療の効果が表れず苦痛がいつまでも続くように描かれ、もう一つは、治療の効果があり症状が消失したと伝えられる。この場合、苦

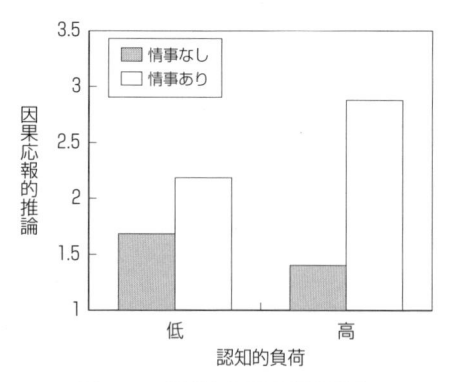

図 2-1 災難と因果応報的推論
出所：Callan et al. (2010), p. 1098.（一部省略）

痛が持続する条件において公正的世界観がより脅かされることになる。そのあと，参加者は，サラという別の女性が交通事故によって顔にひどい傷を負ったという記事を読む。その記事には，サラが日頃クラスメイトの容姿についてあらを見つけてはなじっていたことが書かれていた。すると，公正的世界観を脅かすような出来事を目撃していた参加者は，そうでない参加者に比べ，交通事故はサラの日頃の行いの報いとして起きたと考える傾向が強まったのである。

②宝くじと人徳

カランらは，幸運な出来事に対しても同じような推論が起こることを示している（Callan et al., 2006）。参加者は，宝くじにあたり大金を獲得したロジャーという男性に関する記事を読んだ。半数の参加者は，ロジャーは好ましい人物である（勤勉で

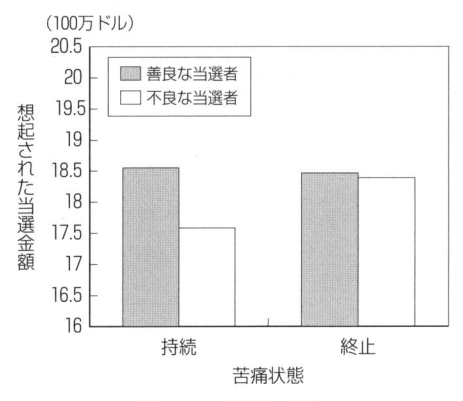

第 2 章 格差と序列を支えるイデオロギー

(100万ドル)

図 2-2 幸運と人徳

出所：Callan et al. (2009), p. 617.

気前がよいなど）ことが伝えられ，残り半数は，好ましくない人物である（あまり働かず，みみっちいなど）と伝えられる。すると，好ましい人物であると知らされた参加者は，そうでない参加者に比べ，宝くじがあたったのは，この人物の人徳のなせるわざであると推論する傾向がみられたのである。

また，彼らは，宝くじをあてたロジャーという男性の記事を用いて，公正的世界観を維持，防衛しようとする動機が記憶を歪めることも見出している（Callan et al., 2009）。実験の参加者は，宝くじに当選した話を読んだ後，一定の時間をおいて，ロジャーが受け取った賞金の金額を想起するよう求められた。すると，ロジャーが好ましい人物であったと知らされたときに比べ，好ましくない人物であった場合には，金額が実際より低く

想起されることが示された。しかもそれは，事前に治療の見込みのない HIV 感染患者を観察し公正的世界観が脅かされていた参加者において顕著であった。労せずして大金を手にする幸運に恵まれた人物をみて，その人物がそのような結果に値しないと感じたとき，獲得金額を割り引くことで不公正感を少しでも緩和しようとしたと考えられる（図2-2参照）。

（3）ギャンブルと公正的世界観

一般に所得の低い人たちほど宝くじをよく購入するという調査結果がある（Blalock et al., 2007）。また，不景気なときほど，賭け事をする人が増えるという報告もある（Cross, 2000）。カランらは，このような現象にも公正的世界観がかかわっていると述べている（Callan et al., 2008）。

私たちは，自分と同じ年代の人たち，自分と同じような仕事をしている人たちと比べて，自分の収入が低いとき，自分は恵まれていない，損をしている，不公平ではないかと思うことがある。このような感覚を相対的剥奪感（a sense of relative deprivation）と呼ぶ（Crosby et al., 1986）。相対的剥奪は公正的世界観と矛盾するため，それを解消する一つの手だてとして，本来自分に与えられるはずの報酬額に対する不足分を自ら補おうとするようになる。だが，それは通常の方法では得られないので，何か別の手っ取り早く金銭が得られる方法（宝くじ，ギャンブル）に頼ろうとするのである。自分の価値に見合う結

第2章 格差と序列を支えるイデオロギー

果を自ら獲得することで、公正的世界観を維持しようとしているというのがカランらの解釈である。

①相対的剥奪感と公正感

カランらは、収入の多寡を他者と比較するという手続きが相対的剥奪感を喚起するかどうかを、質問紙を用いた実験により確かめている（Callan et al., 2008）。それによると、自分の収入が他者より著しく低いと知らされた参加者は、そうでない参加者に比べ、より不当だと感じ憤慨していた。

彼らは、潜在意識レベルでの不公正感の喚起を測定する指標を用いた実験も行っている（Callan et al., 2008）。そこでは、修正ストループ・パラダイムと呼ばれる手法が使用された。実験の参加者はコンピュータ画面に提示される"XXXXXX"という文字列の色名（赤，青，緑など）を判別し、できるだけ速く正確に対応するキーを押すことを求められる。ただ、この文字列の提示される直前に同じ色の文字で綴られたある種の単語がごく短時間（20ミリ秒）提示されている。それらの単語には公正感に関連する単語（不当，不正など）と関連しない単語（曲線，吸収など）が含まれていたが、提示時間が短いため参加者はこれらを自覚的に認識することは困難であった（このような提示方法を閾下提示という）。しかしながら、自分の所得が他者より著しく低いと知らされた者は、そうでない者に比べて、公正関連語が直前に提示されていると文字列に対する色名反応が遅くなる傾向がみられたのである。これは、潜在意識において

不公正感に関連する概念が活性化されていたために、閾下に提示された公正関連語に自動的に注意が引き寄せられ、後続の文字列への反応が妨害されたことを表している。

②相対的剥奪感とギャンブル

カランらは、このように相対的剥奪感と公正感の関係を確認したうえで、ギャンブル行動と公正的世界観の関係に関する自らの考えを検証するために一連の研究を行った（Callan et al., 2008）。一つは、大学生を対象に行われたWEB調査である。この調査では、相対的剥奪感とギャンブル行動への衝動の強さを測定する質問項目への回答を求めると共に、過去1年間に実際に問題のある賭け事をどのくらい行ったかを尋ねている。すると相対的剥奪感を感じている者ほど、過去に危険な賭け事を行った回数が多く、これからも賭け事をしたいと強く思っていることが示された。

彼らは相対的剥奪感を人為的に操作した実験も行っている（Callan et al., 2008）。そこでは、大学生を対象にギャンブルに関する質問票に回答してもらい、そのあと性別、年齢等人口統計学的属性に関する項目と併せて収入に関する項目（毎月の可処分所得など）に答えてもらっている。その際、彼らと同じ専攻の他の学生の1カ月あたりの平均所得を知らせ、それと自分の所得を比較させる。事前の調査で大学生の場合300ドルが平均的な金額であることがわかっているが、半数の学生には、それよりはるかに高い金額（759ドル）が伝えられ、残り半数に

はそれよりやや低い金額（244ドル）が伝えられた。前者の場合に相対的剥奪感が喚起されることが想定されている。一連の質問への回答が終了したところで，謝礼として20ドルが支払われる。そのあと，その謝礼として支払われた20ドルを元手にギャンブル性の高いゲームに参加しないかと誘われる。すると，誘いに応じギャンブル・ゲームに参加した者の比率が，相対的剥奪感を経験した群では88％，経験しなかった群では60％となり，相対的剥奪感がギャンブルへの参加動機を高めていることが示されたのである。

人々がギャンブル行動に駆り立てられる背景に，相対的剥奪により喚起された不公正感を修復しようとする動機が働いていることが伺える。そして，こうした心理機制は，経済的に恵まれない人たちがリスクの大きいギャンブルに走り，結局，ますます苦境に陥るという，まさに「貧すれば鈍する」という悪循環を招く恐れのあることに関心を払う必要がある。ギャンブルにより破綻した人たちに対しては周囲の人々の同情も生起しにくい。これは貧困層が二重の意味でその地位に留め置かれることになることを示唆するものである。

以上のことから，公正的世界観の維持，防衛に向かわせる心理機制が，結果的に不合理な現状の維持，肯定に繋がることが推察される。不運な犠牲者は，本来，本人にその責任を問うべくもないはずである。労働内容が同じであるのに，正社員（正

規雇用者）と派遣社員（非正規雇用者）の賃金に格差があるといった不平等は，社会システムの欠陥が原因である可能性が大きい。この世には，さまざまな理不尽や不合理が溢れている。現実世界はけっして公正ではなく，正義がつねに守られているわけでもない。しかし，「この世界は公正である（はずである）」という幻想にとらわれているわれわれは，現前にある不平等や不条理は，公正原理が働いた結果なのだと考えてしまう。これはまさに不都合な真実から目を背け，問題の根本的な解決を先送りしていることにほかならない。

2　相補的世界観

「公正的世界観」と並んで，格差や不平等の温存を導くイデオロギーとして「相補的世界観」が最近注目されている。「公正的世界観」は，社会的弱者や敗者に厳しく，ときには過酷な考えを導き出すのに対して，「相補的世界観」は，一見するところ，弱者や敗者を擁護するような推論を導く点が特徴的である。

（1）相補的事例と公正感

まず，ケイとジョストが興味深い実験を行っているので紹介したい（Kay & Jost, 2003）。彼らは，マークという男性について記述した4種類の文章を用意した。一つは，マークが経済的

第2章　格差と序列を支えるイデオロギー

には恵まれていないが、人生を楽しんでいる人物として、もう一つは、経済的に恵まれているが、不幸せな人生を送っている人物として描かれている。また、別の文章では、マークは、経済的に恵まれないうえに、不幸せな人生を送っている人物として、さらに、4つめとして、マークは経済的に恵まれ、人生を大いに楽しんでいる人物として描かれている。これらいずれかの文章を読んだ後、参加者はアメリカ社会の現行の制度（政治、経済など社会制度全般）をどのくらい公正だと思うかを回答している。その結果をみると、「貧しく不幸せ」より「貧しくても幸せ」な文章を読んだ人のほうが、また、「裕福で幸せ」より「裕福だが不幸せ」な文章を読んだ人のほうが、現行の制度に対して肯定的な態度を表明している。すなわち、裕福度と幸福度が相補的関係にある事例に接触するほうが、現状を肯定し正当化するようになるといえる。同様のことは、裕福度と道徳性の組み合わせにおいても見出されている。「貧しく不正直」であるより「貧しくても正直」なほうが、「裕福で正直」より「裕福だが不正直」のほうが、現行の制度を肯定する程度が高かったのである。

　このような結果が生じる背景には何があるのだろうか。彼らによれば、「天は二物を与えず」という格言にあるように、相補的事例への接触は、どのようなものにも長所もあれば短所もあり、互いに補い合ってうまくいっているのだという感覚を呼び覚ますからだということになる。貧しくても心豊かに生きて

いると思うことができれば,経済的に恵まれない現在の境遇もさほど悪くないと感じられ,社会に対しても不満を抱かなくなるであろう。悪いことばかりが続くものではなく,いずれ良いことが必ず起こり,長い目で見れば帳尻は合うものだと思えば,今の苦境にも耐えられるであろう。来世で報われるならば,現世では清貧に甘んじてもよいと思うのではないだろうか。

　このようにわれわれは,心の中に「相補的世界観」ともいえる観念を形成している。この観念に合う事例は,ある種の安堵をもたらし,大局的にみれば世界は公正であるという信念の維持を可能にする。そのため,経済的格差や不平等を生み出している社会システムに対しても寛容になれると考えられる。

(2) 非相補的事例と不公正感

　したがって,相補的世界観に反する事例は,公正さへの関心を喚起することになる。ケイとジョストは,この点を,潜在指標を用いた実験を行い検討した (Kay & Jost, 2003, 研究3)。その実験では,相補的事例と非相補的事例が登場するシナリオを読んだ後,語彙決定課題を実施している。参加者は,画面に提示される文字列が辞書に存在する単語であるかどうかについてキー押しによって反応するように求められた。全試行のうち半分は辞書に存在しない無意味な文字列(非単語)が登場するが,残りの試行では辞書に存在する意味のある単語が提示される。そのうちの一部が「公正」に関連する単語(公平,公正,

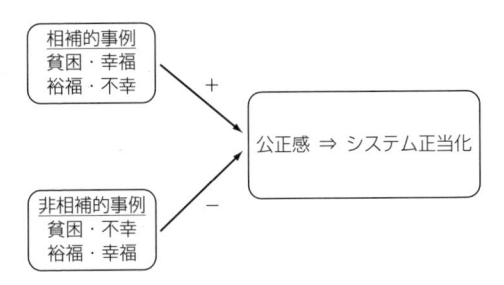

```
┌─────────────┐
│  相補的事例  │
│  貧困・幸福  │──+──┐
│  裕福・不幸  │     │    ┌──────────────────────┐
└─────────────┘     └───▶│ 公正感 ⇒ システム正当化 │
┌─────────────┐     ┌───▶└──────────────────────┘
│ 非相補的事例 │     │
│  貧困・不幸  │──−──┘
│  裕福・幸福  │
└─────────────┘
```

図2-3 相補的・非相補的事例とシステム正当化

注：+は「促進」，−は「抑制」を表す。
出所：Kay & Jost (2003)に基づき作成。

正当など）であり，残りは「公正」とは無関連な単語（カレンダー，ローソク，指など）であった。すると，非相補的条件のシナリオを読んだ参加者は，相補的条件のシナリオを読んだ参加者に比べ，「公正」関連語への反応が速くなることが示された。語彙決定課題への反応時間は非意識的な過程を反映していると考えられていることから，ここでの結果は，非相補的事例によりもたらされた相補的世界観への脅威が公正さへの関心を喚起し，公正関連概念が無意識裡に活性化されアクセスが容易になっていたことを示唆している。

以上の知見を整理してまとめたのが図2-3である。

3 公正的世界観と相補的世界観

「相補的世界観」の背景には「公正的世界観」があるとすれ

ば，両者は同根であるといってよいかもしれない。しかしながら，従来「公正的世界観」はヴィクティム・デロゲーション（犠牲者への非難）や，これを正当化する因果応報的推論を生み出すものと理解されてきた。それは，"People get what they deserve"が公正原理の典型とみなされていたからである。これに対して，相補的世界観の基本原理は"No one (group) has it all" "Everything must have both virtues and vices"であり，この相補性原理が働いていると信じることにより，ある領域で劣っていても，別の領域においては優るものであるという推論が導かれる。その結果，弱者や敗者については美点や長所が強調され，強者や勝者については欠点や短所が強調されることになる。その結果，双方相殺されて両者はあたかも平等に遇されているかのような感覚が生まれる。ある次元で不平等が存在しても，別の次元でそれが解消されるため，全体としてバランスが取れているはずであるという，いわば，平等幻想（illusion of equality）が生成されるといってよいかもしれない。その結果，問題のある現状が肯定，容認されることになるのである。

(1) 敗者の非難と称揚

　相補的世界観から導かれる思考には，公正的世界観から導かれるヴィクティム・デロゲーションにみられる過酷さはない。むしろ，弱者を称揚する（victim enhancement）形を取ること

から，心理的抵抗が小さくなり，そのため，多くの人々の支持を得やすいのではないかと推察される。事実，ヴィクティム・デロゲーションは，必ずしもすべての人々に一様に観察されるものではなく，もともと公正的世界観の信念が強い者やプロテスタント的労働倫理の信奉者（貧困は罪であり，禁欲的に働いてそれを克服することで神の救いが得られると信仰している者）においてより顕著に認められやすいという指摘がある (Furnham & Gutter, 1984; Quin & Crocker, 1999)。すなわち，われわれは，あるときは，敗者を非難し貶める（勝者を称える）ことによって，あるときは，敗者を持ち上げる（勝者を貶める）ことによって，現状を肯定していると考えられる。

（2）システム正当化に至る2つのルート

では，いずれが選択されるかは何によって決まるのであろうか。一般に，人々は，達成領域における成功と失敗に関連する特性次元では，成功者を称え失敗者を非難する傾向にあることが指摘されている（Kay et al., 2005）。これらの特性が成功や失敗の原因であると考えられやすいからである。「優れた能力の持ち主であったから成功した」「努力しないから貧しさからぬけられない」と考えるわけである。これに対して，成功や失敗とは直接関係しない特性次元では，両者のバランスをとるかのように，成功者を貶め，失敗者を称揚する。

ケイらの行った実験（Kay et al., 2005）では，先述したよう

な方法で（27-28頁参照）現行のアメリカ社会の政治，経済の問題点を指摘した記事を読んでもらい，現行のシステムが脅威にさらされているかのような印象を与えたあと，権力者のイメージを評定させている。すると，脅威を与えられた条件では，そうでない条件に比べ，独立性や知性の次元での評価が高くなる一方で，幸福度の評定は下がる傾向にあった。権力者は，有能ではあるが，人間的な幸せには恵まれないといった相補的な認知がなされやすくなったといえる。同様に肥満者のイメージについても，システムへの脅威を喚起すると，肥満者はものぐさであるが，人づきあいがよいといった認知が強まることが示されている。

また，別の実験では，経済的に成功した女性が，頭がよくないと知らされるより，頭がよいと告げられたほうが，また，経済的に失敗した女性が，頭がよいと知らされるより，頭がよくないと告げられるほうが，現行のシステムを肯定する度合いが強まることを見出している。対照的に，魅力的な外見の女性が，頭もよいと知らされるより，頭はよくないと知らされるほうが，また，外見が魅力的でない女性について，頭がよくないと知らされるより，頭がよいと知らされるほうが，現行のシステムを肯定する程度が強まったのである（Kay et al., 2005）。

経済的成功と頭のよさは関連があると推論されやすいが，外見美と頭のよさは関連性を推定しにくい。すなわち，ある人物にもたらされたよい結果もしくは悪い結果（経済的成功・不成

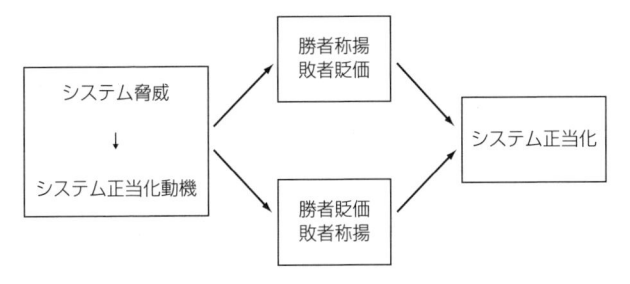

図2-4 システム正当化への2つのルート
出所：Kay et al. (2005) に基づき作成。

功／外見のよしあし）と因果的な関連が推定されやすい次元では，非相補的認知がシステム正当化を促すが，因果的関連が推定されにくい次元では，相補的認知がシステム正当化を促すといえる。われわれは，システムを正当化するための2つの認知方略をもち，両者を状況に応じて使い分けていると考えられる（Kay et al., 2005）。すなわち，相補的認知がシステムの正当性の知覚を引き出すのでもなく，また，非相補的認知が現行システムの正当性の知覚を引き出すのでもない。現行システムの正当性に対する信念を維持するために，あるときは相補的に認知し（勝者を貶め，敗者を称揚する），あるときは非相補的に認知する（勝者を称揚し，敗者を貶める）といってよいかもしれない。非相補的認知も相補的認知もシステム正当化動機が生み出す認知的産物なのである（図2-4参照）。

第3章

社会的ヒエラルキーと
文化的ステレオタイプ

　前章では，格差や不平等を目の当たりにしても，われわれが現行の社会制度を肯定する背景に何があるのかをみてきた。そして，そこには，「公正的世界観」や「相補的世界観」といったある種のイデオロギーが大きな役割を果たしていることを指摘した。これらの世界観は，現実に存在するさまざまな社会集団に対して形成されるイメージであるステレオタイプの内容にも反映される。

　人間社会は，さまざまな社会集団（社会的カテゴリー）から構成されている。区分けに用いられる基準は，人種や性別，国や地域，民族や宗教，職業や階層など，実にさまざまである。ただ，これらの基準によって区分けされる集団相互の関係は，必ずしも対等でないことが多い。歴史上，一般に黒人は白人より，女性は男性より劣位に置かれてきたように，各集団に付与されている社会的価値や威信には明らかに違いがあり，集団間に一定のヒエラルキーが存在する。ジョストとバナジは，そのようなヒエラルキーの正当化に資するように集団イメージが形成され，人々の間で共有されているとする主張を展開した

(Jost & Banaji, 1994)。

 また，ステレオタイプは，同じ社会集団や文化に所属する人たちによって共有されている場合が多く，いわばある種の集団現象もしくは文化現象としてとらえることができる。本章では，このような文化的ステレオタイプが社会システムを維持し強化する装置としてどのように機能しているかを見ていくことにしよう。

1 正当化動機とステレオタイプ

 ステレオタイプの内容に全く事実が反映されていないわけではないが，一般に，ステレオタイプは対象の特徴を誇張し単純化することにより形成されており，その内容は実態から少なからず遊離していると考えられている。ステレオタイプという概念を社会心理学の世界に最初に導入したリップマンは，認知的経済性の観点から，これを人間の適応機制の一つとして位置づけた（Lippman, 1922）。

 人間を取り巻く環境は複雑で流動的である。われわれの周囲には多種多様な情報が溢れており，それらを適切に処理しなければならない。しかしながら，人間の情報処理能力には限界があるため，受け取った情報を取捨選択し，整理する必要がある。つまり，環境をあるがままに認知するのではなく，内容を簡略化し自分にとって了解しやすい形に再構成することによって処

理負荷を低減していると考えられる。ステレオタイプは，こうした認知レベルでの適応機制の所産として捉えることができる。この議論にしたがえば，ステレオタイプは，必ずしも否定的内容のものに限られるわけではなく，肯定的内容のものも含まれるはずである。けれども，実際には，否定的評価と結びつき偏見や差別の原因となっていることが多い。それゆえ，その背景には認知的要因以外の何かが関与していると考えられ，それを探ることが社会心理学の重要な課題でもあった。

したがって，歴史的にみると，社会心理学では，ステレオタイプを生み出す社会動機要因に焦点を当てた研究が主流を形成してきた。ステレオタイプを認知的経済性の観点からとらえたリップマンも，同時に，ステレオタイプには個人の社会的立場を守る働きがあるとも述べている（Lippman, 1922）。また，カッツとブラリィは，偏見の背後には個々人が自尊心を維持し自分の利益を増大させることを正当化する機能があると論じている（Katz & Braly, 1935）。

人は他者から搾取するとき，その行為を正当化するうえで都合のよい相手を貶めるような内容のステレオタイプを利用しているのかもしれない。以下に，ステレオタイプが概して否定的な内容を含むようになる所以をみていくことにする。

(1) 情動の正当化

精神分析学では，ステレオタイプは意識下にあって自我を脅

かす考えから自分を守る働きがあると考えられていた（e.g., Adorno et al., 1950）。いわば，置き換え(1)や投影(2)といった防衛機制の一形態とみなされ，ある個人が特定の集団に対してかたくなに保持し続ける偏った信念は，その個人が幼少期に受けた心的外傷に起因すると考えられた。つまり，自分の内部にある恐れや不安を特定の集団に投影することにより脅威に対処していると解釈されたのである。これは，個人的問題の解消のために，集団がスケープゴートにされることを意味している。スケープゴートにされた集団は，軽蔑と嫌悪の対象となる。このような観点に立つと，たとえば，同性愛者に対して強い偏見を持つ人は，実は，その人自身が潜在的に同性愛への志向性が非常に強く，その不安を隠蔽しようとしているというように説明されることになる。ただ，このような精神分析学的な解釈は実証性に乏しいという批判が多いことも事実である。

これに対して，クランドールたちは，閾下条件づけという巧妙な実験的手法を用いて，ステレオタイプに個人の中に生じた情動を正当化する機能のあることを検証している（Crandall et al., 2011）。

彼らは，実在はするが，実験参加者の間ではあまり知られて

---

(1) 置き換え：欲求や衝動を本来の対象ではなく自我にとってより受け入れやすい別の対象に向けること。

(2) 投影：自分の中に生じた受け入れがたい感情や衝動を他人に属するものと認知すること。

第3章　社会的ヒエラルキーと文化的ステレオタイプ

いない国(「モルドヴァ」と「スロベニア」)を刺激に用いて次のような実験を行った。まず、これらの国の解説文(地理的情報を記述した短文)を1文ずつコンピュータスクリーンに次々と提示した。その際、解説文を提示する直前に表情刺激(「笑顔」もしくは「怒り顔」を表すアイコン)を参加者が気づくことができないようにごく短時間提示する。このような提示方法を閾下提示という。あるグループでは、「モルドヴァ」の前に「笑顔」を、「スロベニア」の前に「怒り顔」を提示する。別のグループでは、この組み合わせを逆転させている。このように対象となる刺激を特定の情動を喚起する刺激と組み合わせて繰り返し提示すると、対象刺激とその情動の間に連合が形成されると考えられている。つまり、元来、特別な感情を喚起することのなかった「モルドヴァ」と「スロベニア」が、参加者にとってポジティブもしくはネガティブな感情価をもった対象として知覚されるようになるのである。ただし、その感情が何に由来するかは、参加者自身にはわからない。

　そして、一連の解説文の提示を終えたあと、参加者に「モルドヴァ」と「スロベニア」の印象を回答するよう求める。すると、「怒り顔」と連合させた場合は、「笑顔」と連合させた場合に比べ、明らかにその国の人たちを「温かくない」と評定することが示されたのである。これは、実験参加者が対象国に対して感じる自分でも理由がよくわからない感情を合理化するために自らステレオタイプを生成したことを示している。加えて、

対象国が「笑顔」と組み合わされるか,「怒り顔」と組み合わされるかは,参加者本人の意志とは関係なく決められていることから,個人が偶然経験した出来事が偏見の源泉になりうることもこの実験では同時に示されたといえる。

だが,ステレオタイプはこのような個人的で私的な要因に還元できない面がある。なぜなら,もしも純粋に個人的問題に還元されるのであれば,個々人によってステレオタイプの内容が異なるはずであるが,ステレオタイプは,同じ集団に所属する成員に共通に保持されていることが多いからである。すぐれて集団的な現象なのである。

(2) 集団間葛藤の正当化

社会心理学者の関心は,その後,個人レベルの動機よりも集団レベルの動機に移行していく。その一つの契機となったのは,オールポートが他の集団に対する自分の行為を正当化することがステレオタイプのもつ主要な機能であると主張したことであろう (Allport, 1954)。シェリフの行ったサマーキャンプ実験は,その古典的研究の代表としてよく知られている (Sherif, 1956)。以下に,研究の概要を示す。

サマーキャンプに参加した少年たちは,まず2つのグループに分かれ別々に活動する。それぞれが集団としてまとまってきた頃,2つのグループの間でスポーツやゲームで競わせ対抗意識を煽る。すると,彼らは,日常的に相手グループのことを

第3章　社会的ヒエラルキーと文化的ステレオタイプ

「汚い」とか「ずるい」というふうに悪口を言うようになった。そこで，関係の改善を図るため，映画会や食事会などを催し，両グループが友好的に接触できるような機会を設けるが，効果は見られなかった。ところが，キャンプ場の給水装置の故障により，このままではキャンプが中止になるかもしれないという緊急事態が起こり（実は研究者によって人為的に引き起こされたものであるが），2つのグループが一致協力して解決に当たらなければならなくなると，それまでのわだかまりがなくなり，両者の関係が改善されたのである。

　ここで重要なことは，集団間に競争関係が導入されると，自分の所属する集団（内集団）の利益を脅かす他の集団（外集団）を敵視し攻撃を加えるようになり，それは個人的な感情（私怨）を超えたものであるという点である。相手集団を「悪」と決めつける，すなわち，ステレオタイプ化してとらえることは，自分たちの行動を正当化するうえでは好都合である。また，集団間の葛藤が解消されれば，相手への見方が変化することも，ステレオタイプが集団間の関係に依存しており，必ずしも対象集団の本質を反映しているわけではないことがわかる。このように，自分の所属する集団の目標達成が別の集団によって阻害されるとき，その集団への敵意や憎悪の念が生まれるという考え方は，目標葛藤理論と呼ばれている。そのことの善し悪しは別として，集団利益を守るという点では，合理的な反応といえる。

(3) 社会的アイデンティティの正当化

　目標葛藤理論に基づけば，ステレオタイプや偏見は，集団間に現実的な利害の対立があるときに生まれることになる。領土や資源をめぐって世界各地で国や民族の間に紛争が起きている現実を考えれば，この理論の妥当性は十分首肯できるものである。しかしながら，実際に利害の対立がない場合にも偏見やステレオタイプが形成されることがある。その場合には，名誉や自尊心といった心理的要因が背景にあることが多いが，これを実証的に明らかにしたのが社会的アイデンティティ理論を提唱したタジフェルとターナーである（Tajfel & Turner, 1986; Turner, 1975）。

①集団への所属と内集団ひいき

　タジフェルやターナーを中心とした研究者は，最小条件集団パラダイム（ミニマム・グループ・パラダイム）と呼ばれる手続きを用いた実験を行い，人々をごく形式的な基準によりグループ分けしただけで集団間差別が生起することを実証した（Tajfel et al., 1971）。実験の参加者は，まず8人一組でスクリーンに提示された黒点の数を数える課題に参加する。ただ，黒点の数が多く提示される時間も短いため，正確にその数を把握することは困難で，参加者はおおよその数を推定して答えることになる。その回答結果をもとに，黒点の数を実際より多く推定したか（過大評価群），少なく推定したか（過小評価群）という基準で参加者は2つのグループに分けられることになる（ただ

し，実際には参加者の回答結果とは無関係に実験者が任意に参加者をいずれかのグループに割り振っている）。参加者は，自分がどちらのグループに入ったかは知らされるが，自分と同じグループにいる人が誰であるか，自分と違うグループの人が誰であるかは知らされない。このような集団は，最小条件集団（ミニマム・グループ）という。

その後，参加者は，実験に参加した人たちに与える報酬の分配基準を決めるための課題に参加するよう求められる。この報酬分配課題では，自分と同じ集団の人（内集団成員）と違う集団の人（外集団成員）がペアにされ，それぞれに与える報酬の組み合わせのパターンを何通りか提示される。ペアにされた2人は，識別番号だけが示され，自分と同じグループであるか違うグループであるか以外，具体的なことは一切わからないようになっている。参加者は，複数の組み合わせパターンの中から一つを選択することになる。参加者には，全員の選択結果を集計し，その結果に基づき報酬が支払われると告げられた。

組み合わせの中には，内集団に有利に配分するようになっているもの，外集団に有利に配分するようになっているもの，双方に均等に配分するようになっているものがあった。すると，多くの参加者が，内集団成員に有利に配分する組み合わせを選んだのである。また，外集団に有利な組み合わせを選択したほうが，双方の絶対報酬量が多くなる場合においても，相対的に内集団に有利な組み合わせが選ばれた。このように自分と同じ

集団をひいきする現象を内集団バイアスという。

この場合，分配の対象となる相手とは，たまたま同じグループに入れられた以外，個人的には何の関係もなく，特に有利にはからう合理的理由はない。顔も名前も知らない相手であるのに，なぜひいきするのであろうか。タジフェルらは，たとえ形式的であれ，あるカテゴリー集団に割り振られると，個人にとってその集団は自己を環境内に位置づける重要な認知的基盤として機能し，その集団の成員であることがその人の自己概念の一部になるからだと述べている。

われわれは，自分がどのような人間であるかを語るとき，自分は「英語が得意である」とか「責任感が強い」といったように自分の能力や性格に言及することにより自分の個性を主張する。しかし，自己を語る方法はそれだけではないだろう。自分は「日本人である」とか，「〇〇企業の社員である」「××大学の学生である」というように所属する集団に言及することも多いのではないだろうか。前者は個人性に基づいた自己理解を表し，個人的アイデンティティという。これに対して，後者は，所属集団と自分を同一化し，所属集団の一員として自己をとらえたもので社会的アイデンティティと呼ばれている。集団成員性が自己概念の一部に取り込まれれば，集団の持つ価値が自己評価に反映されることになる。たとえば，自分の勤務する企業が一部上場すれば，自分の評価も上がったように感じるし，オリンピックで自国の選手が金メダルを獲得すれば，自分も誇ら

しい気分になるであろう。それゆえ，人は外集団より内集団を
ひいきするといえる。自身の社会的アイデンティティを維持，
高揚させるためには，自分の所属する集団（内集団）が他の集
団（外集団）と比較して優っていることを確認する必要がある
からである。

②自尊心と偏見

内集団ひいきは，当然，特性評価にも表れる。自分たち日本
人のほうが，○○国の人たちより，「勤勉である」し，「親切で
ある」というように自分の集団には他の集団にはない良い特徴
がある，あるいは，自分の集団の成員と比べると他の集団の成
員は劣っていると信じようとする。クロッカーらは，大学の社
交クラブのメンバーを対象に次のような調査を実施した
(Crocker et al., 1987)。対象となったのはノースウェスタン大
学の6つの社交クラブのメンバーである。それらのクラブは学
内でのステイタスによりランク付けされていた。彼女らは，各
クラブのメンバーに，自分の所属するクラブと他のクラブのメ
ンバーの特性について評価するよう求めた。すると，回答者は，
自分の所属するクラブのメンバーに比べ，他のクラブのメン
バーは，概して，「傲慢」で「無神経」であり，「知性がなく」
「浅はかである」と否定的に評価した。

興味深いことに，このような内集団ひいき（外集団蔑視）は，
低いランク付けをされているクラブに所属する自尊心の高い人
たちにとりわけ顕著にみられたのである。自己を高く評価して

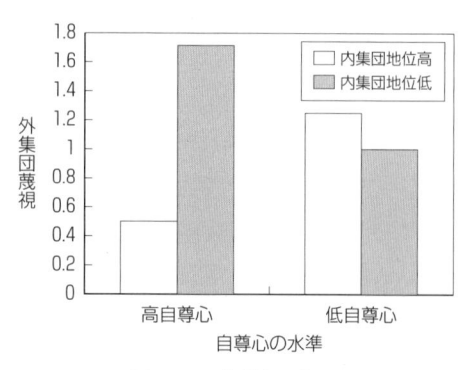

図3-1 自尊心と偏見

出所：Crocker et al. (1987) Table 2, p. 913. に基づき作成。

いる高自尊心者にとっては，ランクの低い集団に所属していることは，不本意なことであり，自己の価値を脅かす事態である。したがって，そのような自己への脅威への対処方略として，他集団の価値を引き下げることにより，相対的に自己の集団の価値を上げる必要があったと推測される。社会的アイデンティティ理論の見地からは，ステレオタイプは，自分の所属する集団の威信や誇りを脅かす他の集団を敵視し排斥することを正当化する機能があると考えられる（図3-1参照）。

2　ステレオタイプ内容モデル

(1) ステレオタイプの2次元モデル

前節で述べた目標葛藤理論と社会的アイデンティティ理論が

第3章　社会的ヒエラルキーと文化的ステレオタイプ

共通に示唆しているのは，集団に対して形成されるイメージであるステレオタイプは，必ずしもその集団本来の性質を反映しているわけではなく，人々がどのような集団間関係の中に置かれているかに大きく依存する相対的なものであり，それは現行の集団間の関係を正当化する役割を果たしているという点であろう。この点を体系的に理論化したのがフィスクらによって提唱されたステレオタイプ内容モデル（Stereotype Content Model）である（Fiske et al., 1999; Fiske et al., 2002）。

　このモデルによれば，ステレオタイプの内容は，知覚する側の集団と知覚される側の集団がどのような社会的関係にあるかによって体系的に決まってくることになる。つまり，ステレオタイプの内容には一定の法則性があると考えるのである。まず，知覚者にとって集団は社会経済的地位の観点から大きく2つに分類される。すなわち，自分たちより相対的に地位の高い集団と低い集団である。そして，われわれは，自分たちより地位の高い集団を「有能である "competent"」とみなし，低い集団を「有能でない "not competent"」とみなすとされている。また，集団は相互依存性の観点からも2つに分類される。自分たちと協力関係にある（友好関係にある）集団と競争関係にある（敵対関係にある）集団である。そして，協力関係にある集団は「温かい "warm"」とみなし，競争関係にある集団に対しては，「温かくない "not warm"」とみなすと考えられている。

　われわれの周囲にはさまざまな集団が存在するが，知覚者の

視点からは,各集団はこれら2次元の組み合わせによって類型化される4種類のうちのいずれかの範疇に位置づけられることになる。そして,それぞれの集団に対して形成されるステレオタイプに基づき,その集団への感情や行動が方向付けられることになる (Cuddy et al., 2007; Cuddy et al., 2008)。

その第1は,社会経済的地位が高く協力関係にある集団であり,有能で温かい人たちとみなされ,尊敬や崇拝の対象となる集団である。人々は,恭順の意を表し,相手に積極的に協力しようとする。彼らに対して危害を加えることに抵抗を示す。たとえば,一般市民にとっての皇族や王族がこれにあたるかもしれない。

第2は,社会経済的地位が高く競争関係にある集団であり,有能だが温かくない人たちとみなされ,嫉妬や恐れの対象となる集団である。相手の有能さに敬意を表しながらもやっかみが生まれ,その人間性を貶めることで批判する。相手に協力することには消極的だが,攻撃を加えることには積極的になる。平均的男性からみた優秀なキャリアウーマン,平凡な白人からみた才能豊かなユダヤ人が例として考えられる。

第3は,社会経済的地位が低く,協力関係にある集団であり,有能ではないが温かい人たちとみなされており,同情や憐憫の対象,もしくは擁護する対象としてとらえられている集団である。ただし,擁護の対象としてはみるが,自分たちと対等とはみておらず立場の違いを明確にしようとする。相手への援助,

表3-1 ステレオタイプ内容モデル

		相互依存関係	
		協　力	競　争
社会経済的地位	高	有能・温かい 尊敬 恭順	有能・温かくない 嫉妬 敵視
	低	有能でない・温かい 憐憫 擁護	有能でない・温かくない 軽蔑 排除

出所：Glick & Fiske (2001b) に基づき作成。

協力を惜しみなく行い，危害を加えることに消極的である。健常者からみた障害者，一般男性からみた専業主婦が例として挙げられている。

最後が，社会経済的地位が低く，競争（敵対）関係にある集団であり，有能でもなく温かくもない人たちであり，憤怒と軽蔑の対象とされる集団である。人々は，彼らをあからさまに排斥し社会から一掃しようとする。一般市民を脅かす犯罪者や暴力団のような反社会的集団が例として挙げられよう。アメリカ社会では，ホームレスや生活保護受給者も市民の税金を食いつぶす厄介な存在として，この範疇に入れられる場合もあるようである（表3-1参照）。

①ステレオタイプの変動性

一般に，集団間に存在する社会的関係は，時代や社会情勢によって変化する流動的な側面がある。封建時代の女性は総じて地位が低かったが，男性に対して従順であった。したがって，

女性は有能ではないが可愛いと思われていた。ところが，現代では，女性の地位が向上し男性と対等な立場で社会で活躍するようになった。それに伴い，女性は有能であるが従順ではないとみられるようになってきた。また，第2次世界大戦中，日本人はアメリカ人やイギリス人のことを「鬼畜米英」と評し残酷で無慈悲な人種として憎悪や恐怖の念を抱いていた。けれども，戦後は一転して憧憬と崇拝の対象としてみるようになった。このようにある集団に付与されるイメージは，その時点での当該集団の間にある関係性が投影されているにすぎず，その集団の本質が必ずしも反映されているわけではないことになる。

②ステレオタイプの社会体制正当化機能

また，このモデルの示唆する重要な論点として，集団間関係の反映であるステレオタイプが，結果的に当該の集団間関係を維持，強化し，偏見や差別を正当化する働きがあることを示唆していることが挙げられる。社会経済的地位と有能さを結びつけて理解することは，社会経済的地位の達成は本人の能力の問題であるという認識を強めるため，格差の存在が正当化されやすくなるであろう。その結果，社会構造の歪みが経済格差を生み出すという視点が生まれにくくなるからである。

自分たちより貧しく恵まれない人たちをみても，公正な自由競争の結果であると思えば，あえて援助の手を差し伸べる気持ちにはならないかもしれない。まして，その人たちが，自分たちにとって害を及ぼすかもしれないとなれば，社会から排除す

ることにためらいも生じないであろう。しかし，たとえ犯罪者であっても人権は尊重されなければならないし，犯罪者を生み出す社会構造要因の存在にも目を向けなくてはならない。けれども，ステレオタイプにはそれを阻む働きがある。

　一方，能力がなく社会的に劣位に置かれている人たちでも，その人たちによって自分たちの利害が脅かされなければ，善良な性質を付与し温情をもって接するようになる。だが，上述したように，あくまで憐憫の対象としてみているのであって，自分たちより能力面で一段劣った存在としてとらえていることにかわりない。むしろ，相手を擁護されるべき低い地位に押しとどめることによって，みずからの優位を保とうとする心理が働いているといえる。そのように相手を見ている限り，その人たちの地位を根本的に改善することには繋がらないであろう。

　また，明らかに自分たちより社会的に成功している人たちに対しても，利害の対立が生じるときは，社会性や道徳性など相手の人間性を貶め批判することによって排斥しようとする。かつて，日本人は外国から「エコノミック・アニマル」と評されたことがある。これは，敗戦国から一躍世界の経済大国となった日本を賞賛しながらも，経済的利潤の追求を最優先に考える利己的な振る舞いを，皮肉を込めて批判した言葉である。このように社会的経済的成功を成し遂げても，むしろ成し遂げたがゆえに，敵視され迫害されることがあるのである。

(2) アンビバレント・ステレオタイプ

　従来，偏見や差別の対象とされてきた人たちは，能力面でも人間性の面でも劣っているとみなされる集団に所属していることが多かった。フィスクらは，現代においては，このような形の偏見や差別は減少し，代わって，両側面の評価が相反する内容をもつアンビバレント・ステレオタイプに基づいた偏見や差別が増大していると述べている（Fiske et al., 2002）。その典型はジェンダー・ステレオタイプにみることができる。

　男女平等が謳われる現代にあっても，女性は男性に比べ，就職や昇進において不利な立場に置かれ，その社会経済的地位は概して低い。比較的最近に行われた国際的な調査においても女性の賃金は，男性に比べ平均して16％ほど低いことが示されており（International Trade Union, 2008），また，重要な意思決定を行う集団に占める女性の比率が依然として低い値を示しているのも事実である（Barreto et al., 2009）。わが国を例にとってみても，男女の格差は歴然としている。「平成23年版男女共同参画白書」（内閣府，2011）によれば，平成22年の男性一般労働者の給与水準を100とすると，女性一般労働者の給与水準は69.3にとどまり男女で大きな開きがある。国会議員に占める女性の割合は，平成23年4月現在，衆議院10.9％，参議院18.2％である。企業における管理職に占める女性割合も依然として少なく，係長相当職13.7％，課長相当職7.0％，部長相当職4.2％であり，上位の役職ほど女性の割合が低い。また，教育・研究

分野をみると,小学校教諭の女性比率が65.2％に上る一方,大学及び大学院教授は12.5％にとどまっており,高等教育機関への女性の就任割合が低い傾向が続いている。昇進,昇格を望む女性は増加していると考えられるが,目に見えない障壁（これを「ガラスの天井」と呼んでいる）がそれを阻んでいることがうかがえる。女性は地位や権力から明らかに疎外されているといえよう。もちろん,以前に比べれば,随分,改善されつつあるが,依然として男女の格差が存在することは否定できない。男女雇用機会均等法の制定により,性別による差別が禁じられ「機会の平等」は保障されているかにみえるが,如何せん「結果の平等」の実現には程遠い現状にあるといわざるをえない。そしてアンビバレント・ステレオタイプは,このような現状を巧妙に正当化すると考えられている。

　たとえば,「女性は,知性や教養,判断力や指導力の点では男性に劣るが,感情が豊かで繊細な感性をもち,人の気持ちを思いやる共感性の高さでは,男性より優れている」と聞かされれば,どのように思うであろうか。このように男性にない女性の資質を称えれば,女性はけっして男性より劣った存在ではなく,男性の欠点を補う重要な役割を担う存在だと感じるかもしれない。そして,男性が女性を経済的に支え,女性は男性を精神的な面で支援するという性別役割分業がきわめて合理的なシステムであるかのように受けとめるようになるであろう。それは,男性のみならず女性自身が,特に専業主婦の立場にある女

性がそう思うかもしれない。加えて，男性と同等に，もしくはそれ以上に社会で活躍するキャリアウーマンに対しては，彼女たちの能力の高さを羨みながらも，その代償として女性本来の良き資質を喪失した人たちとみなし，独身のまま孤独な人生を送ることを余儀なくされるか，結婚しても家庭内に不和が生じやすいといったイメージが付与されることになりやすいと考えられる。ある研究では，仕事をもつ女性が母親になると温かさの評価は上昇するが，有能さの評価が低下すること，男性の場合は，このようなトレード・オフは生じず，父親になると，有能性の評価は変化することなく温かさの評価が上がることが示されている (Cuddy et al., 2004)。仕事と家庭の両立，有能さと温かさの両立が，女性は男性に比べ困難であるという認識が人々の中にあることがうかがえる。これは，女性を全面的に一段低い存在として扱う単純な構造を持つ旧来の性差別とは異なり，きわめて巧妙な形で女性の社会的地位の向上を阻む新しい形の性差別といえる。

(3) アンビバレント・セクシズム

フィスクらは，このような現代的な性差別の特質をアンビバレント・セクシズム（両価的性差別）という概念でとらえている (Glick & Fiske, 1996, 2001a)。アンビバレント・セクシズムは，女性に対する両価的態度を指すもので，大きく2つの次元から構成されている。

第3章 社会的ヒエラルキーと文化的ステレオタイプ

①敵意的セクシズム

一つは、「敵意的セクシズム（hostile sexism）」と称されるもので、女性に対する非好意的で敵対的な態度を表す。男性は女性より有能であり、それゆえ女性より高い地位を得、強い権力を保持することは当然であるという信念に根差している。具体的には、「女性は職場で問題を起こしやすい」「女性はすぐ機嫌が悪くなる」「女性は男性のありがたみがわかっていない」など女性に対するネガティブなステレオタイプ信念の強さとして測定されるが、背後に女性は男性から搾取しようとしているという男性の側の疑心暗鬼が投影されているとされる。

②好意的セクシズム

もう一つは、「好意的セクシズム（benevolent sexism）」と呼ばれているもので、中世封建時代の騎士道の精神にのっとって女性を敬い労わる態度を表す。弱い立場にある女性を丁重に扱い親切な態度で接することを促す内容となっているため、女性を差別しているとは表面上はわかりにくい。この「好意的セクシズム」は3つの要素から構成されている。第1は、「保護的家父長主義（protective paternalism）」である。女性は男性によって守られるべき存在であるという信念に基づいており、一家の主である父親が温情をもって家族を遇するような態度を表す。「男性は女性を大切にし、守ってやらねばならない」「善良な女性は敬わねばならない」といった考えの強さによって測られる。第2は、「男女の相互補完性に対する信念（complementary gender differentiation)」である。女性には男性にない特別な資質があることを強調し女性の価値を持ち上げるような態度を表す。「女性には男性にない清らかさがある」「女性は道徳的感情において男性にまさる」といった考えに対する賛否によって測定される。第3が,「異性愛重視 (heterosexual intimacy)」である。これは女性を男性の恋愛（性愛）欲求を満たす重要な存在としてとらえる視点を表す。「男性は皆,恋する女性をもつべきである」「男性は,たとえすぐれた功績をあげても,パートナーとなる女性がいなければ完全とは言えない」といった意見項目を支持する程度によって測定される。

③好意的セクシズムの陥穽

「好意的セクシズム」は女性を美化し理想化している点で女性の立場を有利にするかにみえるが,実際はそうではない。女性を美化し理想化する態度は,伝統的な性役割規範に従って行動する女性には示されるが,伝統的規範に従わない女性には示されないことが指摘されているからである (Glick et al., 1997)。また,保護すべき存在として扱われた女性は課題の遂行成績が低下したという報告があるように (Dardenne et al., 2007),好意的セクシズムは女性の能力の向上を阻害することが予想される。すなわち,女性を賛美し労わる姿勢をみせながら,結局,女性を社会的に低い地位にとどまらせ,男性中心の社会体制を維持するしたたかな戦略がそこから読み取れるのである。まさに「好意的セクシズム」と呼ばれる所以がそこにある。

第3章 社会的ヒエラルキーと文化的ステレオタイプ

　ベッカーとライト（Becker & Wright, 2011）は，好意的セクシズムが女性の側の社会変革に向けての動機づけを抑制することを実証している。彼らは，実験の参加者（女性）に6つの文章を提示し記憶するように求め，記憶テストを行う前にいくつかの質問紙に回答させた（記憶テストは実際には実験の目的とは関係のないダミーの手続きである）。質問紙の最初に提示する文章が条件によって異なり，ある条件では好意的セクシズムを表す内容（「女性がいないと男性は未完のままに終わる」「女性は男性の腕に抱かれ守られることを秘かに切望している」），別の条件では敵意的セクシズムを表す内容（「女性はすぐ不機嫌になる」「女性は職場で，しょっちゅうわめきたてる」）となっていた。また，比較のために，セクシズムとは関係のない文章を提示する条件も設けられている（統制条件）。

　これらの文章の呈示後，参加者は次のような質問に順次回答している。①男女格差をどのくらい肯定視しているか（「男女の間に権力格差があるのは当然である」など），②女性であることに利点があるとどのくらい思っているか（「個人的には女性のほうが得をすることが多いと思う」「私は自分が女性であることによっていろいろ恩恵を得ていると思う」），③文章を読んでどのくらい肯定的感情（「幸せ」「満足」）ないし否定的感情（「腹立たしさ」「怒り」）を感じたか，そして④男女格差を解消するための運動にどのくらい参加したいと思うか，である。

　その結果，好意的セクシズムの文章を読んだ条件では，格差

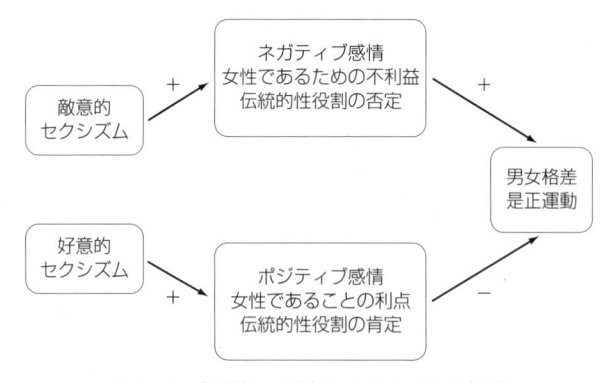

図3-2 好意的・敵意的セクシズムの帰結
注:＋は「促進」,－は「抑制」を表す。
出所:Becker & Wright (2011) に基づき作成。

解消運動への参加意図が統制条件より低下する傾向のあることが認められた。対照的に,敵意的セクシズムの文章を読んだ条件では,格差解消運動への参加意図が統制条件より強まっていた。さらに,両セクシズムへの接触と格差解消運動への参加意図との関係は,男女格差を当然視する態度と女性であることの利点の認識度によって媒介されていることが明らかになっている。すなわち,好意的セクシズムに接触した女性参加者は,男女格差を正当なものとみなす傾向が強まると同時に,女性であることの利点を強く認識するようにもなり,その結果,運動への参加意図が低減することが示されたのである。一方,敵意的セクシズムに接触した女性参加者は,男女格差を正当なものとはみなさなくなり,また,女性であることの利点も認識されに

くくなり，その結果，運動への参加意図が強まることが示されている。以上を整理したものが図3-2である。

好意的セクシズムと敵意的セクシズムは，男性中心の社会体制を維持するために女性をコントロールする道具としての「アメ」と「ムチ」のような役割を担ってきたと考えられる。上記の研究結果は，「ムチ」で打たれる痛みは恨みや怒りに変わったとき，社会変革の原動力になることを示す一方で，「アメ」のもつ甘さは，その意欲をそいでしまう怖さがあることを示しているといえよう。

3 相補的ステレオタイプ

(1) ステレオタイプの非集団エゴイズム的特徴

以上から，ステレオタイプは，知覚者が自分たちの置かれている社会的立場を，個人レベル，集団レベル双方において守るべく，その内容が規定されていることがわかる。ステレオタイプには，自己正当化機能，集団正当化機能があるといえる。人々が，自分自身を，また，自分の所属する集団を正当化することによって，結果的に既存の社会構造を維持，強化するというメカニズムが働いていることが見て取れる。

ところが，このような枠組みでは理解できない事象が存在する。自己正当化機能や集団正当化機能の観点からは，ある集団に対するステレオタイプは，自己や自分の含まれる集団に有利

な内容になりやすく,そのようなステレオタイプは,自己が所属する集団内では合意されることはあっても,他の集団には通用しないことが予想される。しかしながら,実際には,集団の境界を越えて共有されている事例がしばしば認められる。

① ステレオタイプのボーダーレス化

たとえば,「女性は依存的である」「女性は数学が苦手である」というステレオタイプは,男性のみならず,女性自身が自分たちのことをそのようにとらえていることがある。「黒人は知的能力が低い」「黒人は怠惰である」というステレオタイプは,白人のみならず,黒人をはじめとする他の有色人種の間でも共有されていることがある。また,「男性は責任感が強い」「男性は決断力がある」といったステレオタイプは,男性だけが保持しているわけではなく,女性もそのようにみていることがある。同様に「白人は有能である」「白人は勤勉である」というステレオタイプは,白人だけでなく,黒人や他の有色人種の間でも共通認識となっていることがある。ジョストとバナジは,このような事実は,ステレオタイプが,自己や所属集団の価値を犠牲にしてでも,社会的ヒエラルキー全体を正当化する機能を担っていることの証左であると述べている (Jost & Banaji, 1994)。

② ステレオタイプの両価性

さらに,ステレオタイプについて,彼らが指摘した特筆すべき点は,社会の中で不利な立場に置かれ,偏見や差別の対象と

されている集団に付与されるイメージは必ずしもネガティブな内容に限られるわけではなく，ポジティブな内容が含まれる場合も多いことを明らかにしたことである（Jost & Banaji, 1994）。たとえば，「黒人は忠義深く，つつましい」という見方がある。また，「女性は慈愛に満ち，他者に配慮する」という見方がある。反対に社会的に優位に立っている集団に付与されるイメージもポジティブな内容ばかりでなく，ネガティブな内容を含むことも多い。たとえば，「白人」や「男性」に対しては，「競争心が強く利己的である」「攻撃的で敵愾心が強い」といったイメージを持つ人も多いのではないだろうか。

　すなわち，多くの集団がポジティブな内容とネガティブな内容のイメージをあわせもっていることが考えられ，フィスクが主張したように社会にはアンビバレント・ステレオタイプが遍在しているといえる。これにはどのような意味があるのであろうか。たとえば，「黒人は知性では劣るが，忠誠心が強い」という内容は，白人にとっては黒人を使用人として遇することを正当化しやすくする側面があったかもしれない。「女性は指導力に欠けるが，情愛が深い」といった内容は，男性が女性に補佐的役割を担わせることを正当化しやすくするであろう。ただ，これらは実はそれ以上の機能を果たしていることが考えられるのである。ここに挙げたステレオタイプの例は，集団に対するある側面の評価と別の側面の評価が相補的関係にあることを表している。具体的には，社会的地位の高い集団は，地位に関連

する達成領域の次元では高く評価されるが,地位とは無関連な社会情緒的領域の次元での評価は低い。対照的に,社会的地位の低い集団は,地位に関連する達成領域の次元では低く評価されるが,地位と無関連な社会情緒的次元では高く評価される傾向にあることがわかる。前章で述べた相補的世界観がステレオタイプの内容に反映されているといえよう。ケイらは,このような相補的ステレオタイプには,平等幻想を生成し,不平等を生み出している現行の社会システムの正当化を促す機能があると述べている(Kay et al., 2007)。

(2) 経済格差と相補的ステレオタイプ

経済格差のある2つの地域を比較したジョストらの研究がそれをよく物語っている(Jost et al., 2005)。イタリアは,北部は産業の発展がめざましく経済的に豊かであるが,南部は経済的にあまり豊かでない。イギリスは,反対に北部より南部のほうが,経済がよく発達している。そこで,イタリアとイギリスのそれぞれの地域にある大学の学生を対象に,南部と北部のイメージについて回答を求めた。すると,いずれの国でも,経済的地位の高い地域の人たちは,有能で頭が良く精力的に働くなど達成次元で高く評価され,経済的地位の低い地域の人たちは,対照的に,親しみやすく,社交的で,正直であるといったように社会情緒次元で高く評価されやすいことが見出された。しかもこうした地域ステレオタイプは,南北いずれの地域でも,つ

第3章　社会的ヒエラルキーと文化的ステレオタイプ

```
┌──────────────┐ + ┌──────────────┐ + ┌──────────────┐
│ 地域格差の知覚 │──→│相補的ステレオタイプ│──→│ 格差の正当化 │
│              │   │  に従った認知  │   │              │
└──────────────┘   └──────────────┘   └──────────────┘
```

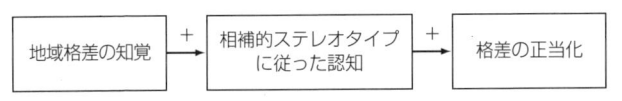

図3-3　地域格差と相補的ステレオタイプ
注：+は「促進」を表す。
出所：Jost et al. (2005), p. 317. （一部省略）

まり経済的地位が高い地域でも低い地域でも，共通の相互認識となっていることが示されている。

このことは，相補的ステレオタイプが単純な自集団中心主義によっては説明できないことを示唆している。そこには，経済的地位の優劣を地位とは無関連の次元における評価において相殺することで，双方の地域の人たちが共に地域間に存在する不平等が解消されているかのような感覚を得ようとするメカニズムが働いていると考えられる。平等主義の理念に反する地域格差の知覚は，現行のシステムの不合理を認識させ，その基盤に疑念を抱かせるものであるが，相補的ステレオタイプを適用することで，それを解消することができるからである。事実，彼らの分析結果によると，地域間の貧富の差を大きく見積もっている者ほど，相補的に認知する傾向（富裕な地域の人々に対して達成次元での評価を高め，社会情緒次元での評価を低める一方で，貧しい地域の人々に対して達成次元での評価を低め，社会情緒次元での評価を高める傾向）が強く，また，このように相補的に認知する度合が強い者ほど，地域格差を妥当で正当なものとみなす傾向にあることが示されている（図3-3：Jost et al.,

2005, 研究1, 2)。

さらに, 彼らは, イスラエルにおいて, 高い社会経済的地位を得ている東欧・ドイツなどヨーロッパの中・北部系のユダヤ人（アシュケナージ）と, 低い社会経済的地位に甘んじているスペイン・ポルトガル系のユダヤ人（セファルディック）について同様の調査を実施している（Jost et al., 2005, 研究3）。調査は, 駅やその周辺を通行する一般人を対象に行われた。この調査では, 回答者にまず, イスラエルの政治, 経済の状況に関する架空の解説記事を読んでもらうことにより, 現行システムへの脅威を喚起する条件と喚起しない条件を設けている。すると, イスラエル国家が危機的状況にあるかのような記事を読み現行システムへの脅威を喚起された場合において, 上述のような相補的な認知パターンがより明確に表れるようになり, また, 相補的認知が現行のシステムを正当化するプロセスが顕在化しやすくなることが示されたのである。平等幻想生成機能をもつ相補的ステレオタイプがシステム防衛のために利用されていることが推測される。

(3) 男女格差と相補的ステレオタイプ
　①相補的ジェンダー・ステレオタイプへの接触効果

男女間の不平等の温床となっているのは, 伝統的性役割観, もしくは性別役割分業社会を肯定する態度である。ジョストとケイは, 性別役割分業社会を肯定する態度が, ジェンダーにか

かわる相補的ステレオタイプによって助長されることを検証している（Jost & Kay, 2005）。参加者は性別役割分業を肯定する意見項目にどのくらい賛同するか回答しているが，それに先立ち，男女の特性についての質問に答えている。その際，参加者は4つの実験条件に割り振られた。

第1の条件では，「男性と女性では共同性（communal：思いやりの深さ，温かさなど）はどちらのほうがまさると思うか」を回答するよう求める。第2の条件では，「男性と女性では能動性（agentic：有能性，自己主張性など）はどちらのほうが優ると思うか」を回答するよう求める。第3の条件では，共同性と能動性の両方について男女を比較するよう求める。第4の条件では，ジェンダー・ステレオタイプにかかわる質問への回答は一切求めない。これら4つの条件のうち，共同性にかかわる評定を求められた第1と第3の条件において，「女性は共同性が高い」というステレオタイプが顕現化することが想定されていた（実際，第1，3の条件の評定値を分析した結果では，女性は男性より共同的であると認知されていることが確認されている。また，第2，3の条件の結果では，男性は女性より能動的であると認知されていた）。その結果，男性参加者は，実験条件にかかわらず，性別役割分業社会を肯定的にとらえる傾向にあったが，女性参加者は，実験条件により異なっていた。女性参加者の場合，「女性は男性より共同性が高い」というステレオタイプが顕現化しない条件では，性別役割分業社会に否定的態度を

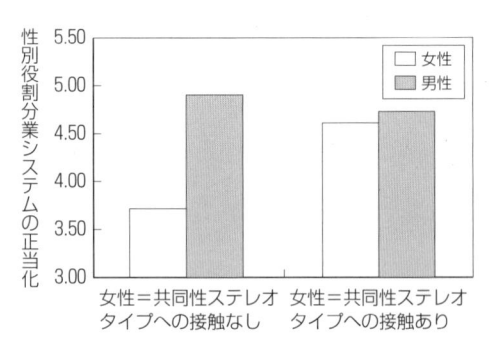

図 3-4 男女格差と相補的ステレオタイプ
出所：Jost & Kay (2005), p. 502.（一部省略）

表明したが，共同性ステレオタイプが顕現化した条件では，性別役割分業社会を肯定し，現行の社会において男女は公平に扱われているという意見を支持する態度が男性と同程度にまで強まっていた（図 3-4：Jost & Kay, 2005, 研究1）。

また，彼らは，男女の社会的地位を人為的に操作した実験を行い，社会的地位において男女のどちらが優位に立つかに応じて，相補的ステレオタイプの適用のされ方が変化することを明らかにしている（Jost & Kay, 2005, 研究3）。社会的地位の操作には，架空の解説記事が用いられた。男性優位条件では，「最近の研究により，現代の経営者は独立心が求められるため，女性より男性のほうが適していることが明らかになっている」という解説文を提示する。女性優位条件では，「最近の研究により，現代の経営者は対人関係能力が求められるため，男性よ

り女性のほうが適していることが明らかになっている」という解説文を提示する。そのあと，「男性は能動性が高い」，もしくは「女性は共同性が高い」というジェンダー・ステレオタイプを顕現化する陳述を読ませる。すると，男性優位条件では，「女性＝共同性」ステレオタイプが顕現化すると現行の社会システムの肯定度が強まり，女性優位条件では，「男性＝能動性」ステレオタイプが顕現化すると現行の社会システムの肯定度が強まった。要するに，男女どちらが優位になろうとも，両者の間に社会経済的地位の格差が知覚されると，地位と無関連な次元での評価を相対的に上昇させ，主観レベルで格差を解消する心的プロセスが起動することがうかがえる。

②男女格差と自己ステレオタイプ化

ローリンらは，このようなジェンダーにかかわる相補的ステレオタイプを自分自身に適用する（自己ステレオタイプ化する）ことを通して，男女格差が存在する社会が肯定される可能性を示唆している（Laurin et al., 2011）。彼女らは，実験の参加者を2グループに分け，一方のグループにはカナダでは大学卒業後の給与が女性より男性のほうがかなり有利であることを述べた架空の記事を読んでもらい，もう一方にはハンガリーの治水工事に関する記事を読んでもらっている。前者は男女格差への意識を高める条件であり，後者はそのような意識を高めない条件として位置付けられていた。そのあと，参加者に12個の特性形容詞（6個は能動性を表す形容詞で残り6個は共同性を表す形容

詞であった）を提示し，その中から自分にあてはまるものを6個選択し，あてはまりのよいものから順に順位を付けさせている。選択された形容詞の順位付け結果に基づき各参加者が自分自身をどのくらい能動的もしくは共同的とみなしているかが得点化された。

その結果，女性参加者は，男女格差への意識を高められた条件において，高められなかった条件より，自分自身を共同的とみなす傾向が強まり，男性参加者は，自らを能動的であるとみなす傾向が強まった。この結果は，女性が，自分たち女性が経済的に不利な状況にある現実に直面したとき，自らの共同性を高く認知することで不公平感を解消しているというように解釈されている。そして，男性は，自分たちの有利な立場を正当化するために自らの能動性を高く評価したとみなされた。

③自己ステレオタイプ化とシステム正当化

さらに，彼女らは，第2実験を実施し，自分自身を相補的ステレオタイプに合うように認識する（相補的に自己ステレオタイプ化する）ことが，実際にシステム正当化欲求を充足させているのかを検討している（Laurin et al., 2011）。実験参加者は，まず2種類の対照的な性格類型（タイプAとタイプB）を記述した文章を提示される。一つは，能動型の特徴を持つように記述されており，もう一つは共同型の特徴を持つように記述されている。そして，最近の研究により一方が他方よりも身体的健康において優り平均寿命が長いという虚偽の説明を受ける。こ

れによって，当該の性格類型に自分をあてはめようとする動機を高めるねらいがある。そのあと，自己報告式の性格検査を実施するが，その性格検査には能動型の特徴を表す項目と共同型の特徴を表す項目が含まれており，それぞれに自分がどのくらいあてはまるかを回答するよう求められた。結果，参加者はより健康的だといわれた性格類型に自分をあてはめるような回答をする傾向を示した。加えて，各参加者は性格検査の結果として当該の性格類型にあてはまっていることを実験者から告げられる。これにより，参加者は自分の性格が能動型であるか共同型であるか確信をもって認識することになる。最後に，別の研究のための予備調査と称して，ジェンダー・システム正当化尺度（男女格差や性別役割分業体制を肯定する程度を測定する尺度）に回答を求めている。

すると，女性参加者において自己ステレオタイプ化の効果が認められ，自分を共同型であると認識した女性参加者は，能動型であると認識した女性参加者より，現行の性別役割分業社会を肯定視する度合いが高くなることが示された。男性参加者にはこのような差異は認められていない。相補的ステレオタイプが現行の男女不平等社会を正当化するよう作用することが確認されたわけであるが，それが現行社会で不利な立場にある女性の側に強く働いた点は興味深い。現体制に不満をもつ人たちが，みずから不条理な現実を容認することは，社会変革を妨げる大きな要因となるからである。

4　集団間比較と相補性

　本章では，社会を構成するさまざまな集団に付与されるイメージ（ステレオタイプ）の内容に既存の社会構造を維持，強化する機能のあることをみてきた。そこでの議論を通して，次のことが明らかになった。

　ステレオタイプの形成因を論じた種々の理論は，精神分析理論であれ，目標葛藤理論であれ，また社会的アイデンティティ理論であれ，いずれも，人間は自分の所属する集団以外の集団に対しては，否定的にとらえる基本的傾向のあることを主張している。それは，自分が所属する集団の価値を肯定し，そこに含まれる自己の価値を確認したいからだと考えられる。所属集団の評価は，他集団との比較に依存する部分が大きいため，他集団を能力的に劣っているとみなしたり，その人間性を貶めてさげすんでみたりするのであろう。

　人々の心の奥底には，対等な関係より対等でない関係，平等な関係より不平等な関係を望む気持ちが潜んでいるのかもしれない。自集団と他集団の差別化をはかる心理が働く以上，必然的に集団間にはなんらかの次元において序列が生じることになる。この序列構造は，最初は個々人の主観の中に存在するだけかもしれないが，それに基づいて人々が振る舞えば，やがてそれが現実のものと化すことは容易に想像されよう。

（1）比較次元と相補性

もちろん，常に，自分の所属する集団を優位に位置づけることは現実には困難である。明らかに他集団のほうが優ることを事実として受け入れざるを得ない場合もある。しかし，そのような場合も，人は，集団間の序列や格差に直接関連する次元においては，他集団を高く評価するが，直接関連しない次元では低く評価しようとする。経済的に恵まれない人たちは，心の豊かさにおいて自分たちは裕福な人たちより優っていると考えるであろう。そうすることによって，傷ついたアイデンティティや自尊心を補償し溜飲を下げているところがある。また，興味深いことに，自分たちのほうが優っていることが明白な場合には，集団の地位差に直接関連する次元では相手を低く評価しながら，直接関連しない次元では相手を高く評価する傾向も認められる。たとえば，男性が自分たちは能力において女性に優ると考えながら，社会情緒面での女性の資質を高く評価するという例などは典型的といえる（Jost & Kay, 2005）。人間は，すべての面で自分を他者より優位に位置づけることには躊躇するのかもしれない。

（2）相補的国民ステレオタイプ

自分の所属する集団（内集団）と他の集団（外集団）に対して人が行う評価が相補的になりやすいことは，ケルビンらが準実験的手法を用いて検証している（Kervyn et al., 2008）。彼ら

はベルギー人を対象に自国民であるベルギー人のイメージをイタリア人もしくはドイツ人との比較を生起させる文脈の下で評定することを求めた。一般にイタリア人は，有能ではないが温かいというステレオタイプが，ドイツ人は有能だが冷たいというステレオタイプがベルギー人の間で共有されている。すると，イタリア人と比較する条件では，ベルギー人は自国民を温かさの次元より有能さの次元で高く評価し，ドイツ人と比較する条件では，有能さの次元より温かさの次元で高く評価した。また，自国民であるベルギー人の有能さの評価は，ドイツ人と比較する条件よりイタリア人と比較する条件のほうが高く，温かさの評価はイタリア人と比較する条件よりドイツ人と比較する条件のほうが高くなった。

さらに，この研究では，各評定対象国民に対する有能性の次元と温かさの次元での評定値の相関関係を分析している。その結果，比較対象となる他国民の有能さが高く評定されるほど，自国民の温かさが高く評定される関係がみられ，また，比較対象となる他国民の温かさが高く評定されるほど，自国民の有能さが高く評定される関係が示された。

相補性原理が働くことにより，ある次元での不平等や格差は別の次元で解消されると信じ，平等主義的理念への脅威に対処しようとしているのではないだろうか。

第3章　社会的ヒエラルキーと文化的ステレオタイプ

5　社会的判断と相補性

　このような認知傾向は自己と他者，内集団と外集団の間に知覚された格差に限定されず，一般に2つの対象集団，2人の対象人物の間に知覚される特定の次元における格差に対しても生起する。たとえば，記憶力の良い高齢者は，記憶力の劣る高齢者よりも有能だが温かくないと評価されることを見出した研究がある（Cuddy et al., 2005）。また，子どもをもたずに働く女性は，子育てしながら働く女性に比べて，有能であるが温かくないと評価されやすいことを報告した研究がある（Cuddy et al., 2004）。

(1) 比較文脈と相補的認知
　ただし，特定の対象に対する相補的イメージは，固定的なものでなく比較する対象に依存して変動する。このことは，上述のケルビンらの研究によって内集団—外集団比較を行う場面（自国と他国を比較する場面）において確認されているが，彼らは同じ研究の中で，2つの外集団を比較する場面を用いた検討も行っている（Kervyn et al., 2008）。ケルビンらは，同じくベルギー人を対象にカナダ人のイメージを尋ねる調査を実施した。その際，比較国として日本とブラジルを使用している。日本人は有能であるが冷たいというステレオタイプが，ブラジル人は

有能ではないが温かいというステレオタイプがベルギー人の間で共有されているからである。なお，統制条件として，カナダ単独を評定する条件が設けられているが，その場合は，カナダ人は温かさ次元でも有能性次元でも同程度にやや好ましく評価されていた。ところが，ブラジルを比較国とした場合，カナダ人は温かさ次元より有能性次元でより高く評定される傾向が表れた。他方，日本を比較国とした場合には，カナダ人は有能性次元より温かさ次元において高く評定される傾向が認められた。すなわち，ベルギー人は，同じカナダ人のことを，ある状況では「冷たいが有能である」とみなし，別の状況では「温かいが有能ではない」とみていることになる。

このように比較文脈によって，同一対象国のイメージが相補性原理に沿うように変容するという事実は，われわれが相補的世界観を主観レベルで構築し，維持しようとしていることを表しているともいえる。社会的対象に対して抱かれるイメージや印象は，その対象本来がもつ特徴を反映しているというより，知覚者の価値観が投影されているといえるかもしれない。

（2）知覚的生成としての相補性

相補的認知の事例は日常的にも数多く見出すことができよう。しかし現象だけを取り上げても，はたして本当に一方の次元での評価が他方の次元での評価に影響を与えているかどうかは定かではない。それが知覚者の価値観の投影によって引き起こさ

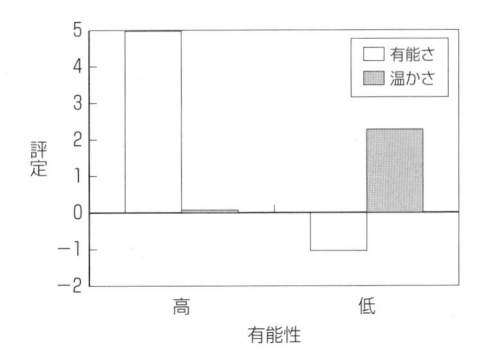

第3章　社会的ヒエラルキーと文化的ステレオタイプ

図3-5　基本2次元における相補的判断
出所：Judd et al. (2005) Table 1, p. 903. に基づき作成。

れているのか因果関係を特定するためには条件を統制した系統的な実験により確認する必要がある。

　ジャッドら（Judd et al., 2005）は，有能性次元において明らかに異なる2つの架空の集団（非常に有能な集団と全く有能でない集団）を構成して参加者に提示し，各集団の温かさの評価を求めた。具体的には，各集団のメンバーの行動情報の内容を操作している（有能性の高さを示す行動例：「まだ学部生のときに有名なジャーナルに論文を掲載した」有能性の低さを示す行動例：「授業中，教師の質問にまともに答えられなかった」）。温かさに関しては曖昧な情報しか与えていない。すると，有能な集団より有能でない集団のほうが，温かさは高く評価された。他方，温かさの次元において明らかに異なる2つの集団を提示し，各集団の有能性を評価させると，温かくない集団のほうが，温

かい集団より有能性が高く評価された（図3-5参照）。集団ではなく，個人を対象としても同様に両次元の評価には相補性が認められている。

①情報の探索・解釈における相補性

ケルビンらの行った一連の研究でも相補性の効果がさまざまなパラダイムと指標によって確認されている（Kervyn et al., 2010）。たとえば，ある実験では，ジャッドらと同様の方法で有能さもしくは温かさの次元で情報を操作した架空の集団を提示し印象を評定させたあと，各集団の成員に尋ねたい質問をリストから選択させている。すると，温かい印象のある集団の成員に対しては，相手の温かさを確認するような質問（「あなたは落ち込んでいる友人をなぐさめるときどのようにしますか？」）が選択されると共に，相手の有能性の欠如を確認するような質問（「授業をさぼったとき，あなたはどんなことをしますか？」）が選択された。一方，冷たい印象のある集団の成員には，相手の冷たさを確認する質問と共に有能性の高さを確認する質問が選択されている。相補的印象をみずからの質問によって確証しようとしていることがうかがえる（Kervyn, Yzerbyt et al., 2009）。

さらに，彼らの行った別の実験では，有能性次元において対照的な2つの架空の集団を提示し印象を評定させたあと，各集団のメンバーの新たな行動情報を知らせ，それらの行動がどのくらいそのメンバー本来の性質によると思うかを尋ねている

(Kervyn et al., 2011, 実験1）。その結果，新たな情報が温かさを表す行動であるとき，それが有能性の高い集団のメンバーの行為であると知らされた場合より，有能性の低い集団のメンバーの行為であると知らされた場合のほうが，本来の性質であるとみなされやすい（内的傾性に帰属されやすい）ことが見出されたのである。新情報が冷たさを表す行動であるときは，逆のパターンが観測されている（Kervyn et al., 2011, 実験1）。形成された相補的印象に整合するように新たな行動情報を解釈しようとしていることがわかる。

②情報伝達における相補性

また，ケルビンらは，他者に印象を伝達するときも自分が集団に対して抱いた相補的印象を確証するような言語表現を使用することを明らかにしている（Kervyn et al., 2011, 実験2）。この実験では，女性が子どもを抱き寄せている絵を示し，その女性のことを他者にどのように伝えるかが調べられる。このとき，たとえば，選択肢として次の4つが与えられたとしよう。(1)「彼女は子どもを抱き寄せている」(2)「彼女は子どもを慰めている」(3)「彼女は子どもをいとおしく思っている」(4)「彼女は心の優しい人である」。同様に，女性が男性に大声で怒鳴っている絵の場合には，(1)「女性は男性に怒鳴り声をあげている」(2)「女性は男性に腹を立てている」(3)「女性は男性を嫌っている」(4)「女性は気性の激しい人である」といった選択肢が考えられよう。この場合，(1)は行為事実を具体的に述べている

だけであり，(2)は行為に解釈が付与されている。(3)は行為者の心的状態に言及しており，(4)は行為者の持続的な傾性（人格特性）に言及している。このような分類は，セミンとフィードラー（Semin & Fiedler, 1988）の提唱した言語カテゴリーモデルに基づくもので，(1)から(4)へと水準が上がるほど，行為の叙述が抽象的かつ一般的になっているとみなされる。観察した行為を行為者本来の性質であるととらえているほど人はより抽象水準の高い言語表現を使用するようになり，聞き手もそれに対応した印象を形成することが知られている（Wigboldus et al., 2000）。

　ケルビンらは，この言語カテゴリーモデルに基づいて実験を実施したわけである。その結果，子どもを抱き寄せるといった温かさを表す行為をしている女性の絵の場合，その女性が有能性の高い印象のある集団のメンバーであるときより，有能性の低い印象のある集団のメンバーであるときのほうが，抽象性の高い表現が使用されやすいことが示されたのである。他方，男性に大声で怒鳴っているという温かさの欠如を表す行為をしている女性の絵を示した場合は，その女性が有能性の高い印象の集団のメンバーであるほうが，有能性の低い印象の集団のメンバーである場合に比べ，抽象水準の高い表現が選択される傾向にあった（Kervyn et al., 2011, 実験2）。対象に対する印象を他者に伝達する際にも相補性原理が働いていることが示されたといえる。

(3) 基本的2次元と相補性

　重要なことは，このような相補性は，どのような次元間でも認められるわけではなく，有能性（competence）と温かさ（warmth）の両評価次元に限定されているらしいという点である。たとえば，ジャッドらと同様のパラダイムを用いた別のある研究では，有能性と温かさの次元での評価は相補性が認められたが，有能性と健康度，温かさと健康度との間には，一方の評価が高いと他方の評価も高くなるというハロー効果が見出されている（Yzerbyt et al., 2008）。

　有能性と温かさは，多様な社会的対象（自己，他者，集団など）の評価において普遍的にみられる基本次元であると考えられており（Judd et al., 2005; Fiske & Cuddy, 2006; Fiske et al., 2007; Wojcizke, 2005），特に集団間関係の主要な側面である社会経済的地位と相互依存性（競争 vs. 協同）に密接に結びついている特性次元である点に注意を払う必要がある（Fiske et al., 2002）。社会集団に対して形成されるステレオタイプにみられるアンビバレンスや社会的対象に対する評価の相補性は，社会のマクロ構造の維持や強化，並びに，そうした構造を生み出すシステムの正当化と関連づけて理解する必要があるかもしれない。

第4章

日本社会における平等幻想と文化的ステレオタイプ

　前章までは，人々の中に潜在する格差や不平等を容認する態度がどのような心理学的機構によって支えられているかを論じてきた。そして，人々は基本的に現行の社会体制を肯定し正当化するよう動機づけられていることを最新の研究理論を紹介しながら明らかにした。注目すべきは，このような正当化動機の充足には，さまざまな文化的ステレオタイプが大きな役割を果たしている点である。これら文化的ステレオタイプの多くは，アンビバレンスや相補性といった特徴をもっている。すなわち，平等主義思想の教育を受けたリベラルな現代人にも受け入れられやすい内容になっているため，きわめて巧妙に現状を肯定するよう人々が誘導され，不平等な構造が温存されることになる。

　しかしながら，このような議論は比較的最近に始まったものであり，欧米，特にアメリカでは研究が活発になされてはいるものの，蓄積はそれほど多くはない。したがって，さらなる実証研究が必要とされているところである。また，多様な人種や民族から構成される多民族国家であるアメリカでは，経済的格差による貧困問題と人種差別問題が密接に絡み合い不平等問題

は深刻かつ重大な社会問題となっている。それに比べて，日本のように人種的多様性が低く，経済的格差もそれほど大きくない国では，事情はかなり異なるであろう。したがって，上記のような心理学的機構が，日本社会の文脈においてどのように機能するかは検討の余地がある。

本章では，筆者が，日本における格差，不平等問題を素材にして，システム正当化を支える心理機構について検討した結果を報告することを通して，これまでにみてきた諸理論が日本社会においても妥当性をもつか検証したい。

1 現代日本の格差・不平等問題

(1) 平等神話

日本は長らく「一億総中流社会」と呼ばれ，格差の小さい平等な国であると考えられていた。そのような社会では，本書で議論しているような格差や不平等を容認する心理を検討する意味はあまりないと思われるかもしれない。けれども，ここ数年，日本でも格差や貧困に関する議論が盛んである（橘木，2006；佐藤，2000；山田，2004；苅谷，2001）。このような動きは，2005年頃からにわかに目立つようになってきた。いわゆる「小泉改革」により種々の規制緩和が断行され競争原理が強化されたことにより，国民の間で格差拡大が実感されるようになったからである。そして，こうした格差を容認する立場を取る者と，

第4章 日本社会における平等幻想と文化的ステレオタイプ

これを問題視する者との間で意見の対立がみられるようになった。現在，日本の国民は，かつてないほど格差や不平等に対して敏感になっているといえる。したがって，格差，不平等に対する認識のあり方を日本において検討する意義は十分あると考えられる。

　橋本健二は，どの時代のどの社会にも格差は存在しており，経済状況や国の政策により人々の意識の中でそれが大きくなったり小さくなったりしているにすぎないとも述べている。彼は，著書『「格差」の戦後史』において，戦後60数年の間の日本社会における格差の変遷を追い，それぞれの時代において格差がどのような問題を生み出し，人々をいかに苦しめてきたかを鮮やかに描き出している。彼によれば，いつの時代にも格差の背後に一貫して階級構造もしくは階層構造が存在しており，時代状況により，人々がそれに気づきやすくなるか，気づきにくくなるかが異なると論じている（橋本，2009）。また，興味深いことに，氏は「一億総中流」といわれた1970年代においても格差が存在したと指摘する。その当時は高度経済成長期にあり，多くの国民が貧困を脱し，ほぼ同水準の豊かさを享受できた時代であった。たしかに，この時期は経済的格差が比較的小さかったことは事実のようである。ところが，代わりに別の要因による格差が日本人の意識を強く支配していた。学歴による格差である。

(2) 学歴社会

　今から約40年前の1971年に, 経済協力開発機構 (OECD) の調査団が来日し, メンバーの一人であったヨハン・ガルツング氏が学歴主義が蔓延する日本の社会の特質を鋭く指摘した (ガルツング, 1972)。その趣旨を要約すると次の通りとなる。「日本の社会には, 東大・京大卒業者を頂点に, その他のエリート大学の卒業生, それ以外の大学の卒業生, 高卒者, それ以下の卒業者という序列からなる独特の階級構造がある。どの階級に所属するかは, 各段階の入学試験によって決まる。そしていったん決まった階級は変更することがきわめて難しく, 終身雇用の慣行と相まって, 人々の生涯を決定する」(橋本, 2009, 152頁より引用)。さらに, 彼は次のような趣旨のことも述べたと言われている。「日本には生物的出生による階級はないが, 社会的出生による階級が存在する。社会的出生とは, 18歳の時の大学入試である。そしてすべての出生に妊娠期間と生みの苦しみがあるように, 日本の若者は, 青年期のある期間, 受験地獄の苦しみに耐えている。しかし, 大学に入りさえすれば, それが有名大学であればあるほど, その後は社会の上層への移動が生涯を通じて保証される。日本では, 家柄ではなく学校の銘柄が重要なのだ」(千石ほか, 1987, 17頁より引用)。実際, 日本では, この頃より, 子どもを有名大学に入れること, その前哨戦として有名小学校や有名幼稚園に合格させることが子育ての成功と考える親が増え, 子どもたちが小さい頃から受験勉強に

追い立てられるようになってくる。

①学歴の経済的効用

しかしながら、国の内外において存在する「日本は学歴社会である」という定評とは裏腹に、実は、日本では学歴の社会経済的効用はさほど大きくないと言われてきた。他の先進国と比べても、むしろ小さいとの指摘すらある。たとえば、石田浩は、学歴が職業的地位と所得に与える影響を1970年代と1990年代の日本、アメリカ、イギリスの3国について調査している。彼は、社会経済的地位の達成過程において、学歴と出身階層（親の階層）が果たす相対的重要性を算出し比較しているが、日本は、アメリカやイギリスと比べ、学歴の果たす役割が小さいことが明らかになっている（石田、1999）。このような傾向は、より最近の調査データによっても確認されている。経済学者の橘木俊詔は2006年時点のデータに基づき、高卒、短大・専門学校卒、大学・大学院卒による賃金格差を日本と他の先進5カ国（アメリカ、ドイツ、イギリス、フランス、韓国）と比較しているが、学歴による賃金格差は日本が最も小さい（橘木、2010）。

また、先述した橋本（2009）によれば、学歴主義の風潮が最も強かった1970年代は、皮肉にも、学歴による経済的格差（e.g., 大卒と高卒の初任給格差）が、日本の近現代史を通じて、最も小さい時期であったと述べている。「一億総中流社会」であったこの時期に学歴による経済的報酬規定力が最も縮小するのは、よく考えれば至極当然のことのようにも思われる。では、人々

は，学歴がどのような格差を生み出すと考えていたのであろうか。そもそも，なぜこの時期に学歴格差への関心が強まったのであろうか。

②一億総中流社会と学歴

橋本（2009）は，その理由を2つ挙げている。一つは，大学進学率の上昇である。経済的な豊かさが教育機会の増大をもたらし，1975年頃には，短大卒も含めると大学進学率は40％近くになる。その結果，それまで大学進学とあまり関係のなかった人たちも，大学進学がもたらす経済的利益を意識するようになり，大卒と高卒，あるいは，有名大学卒とその他の大学卒の間の格差に関心を持つようになった。2つめは，この時期に，学歴と所属階級・階層の対応関係が誰の目にも明らかになったことである。まず，高卒＝労働者階級（ブルーカラー），大卒＝新中間階級（ホワイトカラー）という単純で明確な対応関係がみられるようになる。さらに，いわゆる一流大学（旧帝大や一部の特権的な私立大学）の卒業生はトップ企業に，一般的な国立大学や有名私立大学の卒業生は大手企業に，その他の大学の卒業生は中堅企業に就職するという傾向がはっきりと認められるようにもなった。日本の雇用制度が新規学卒者一括採用中心になされ，採用に際し本人の学歴を重視する慣行（当時は，多くの企業で指定校制度と呼ばれる採用方式が取られていた）がある以上，人々が学歴によって人生が左右されると考えたのも無理からぬことである。

ただ、人々が学歴格差に注目しやすい時代状況にあったとはいえ、既述したように経済的利益という点では実質的に大きな違いがなかったことに注意を払う必要がある。有名校への入学を目指して多額の教育費を投入しても、必ずしもそれに見合うだけの結果が得られたわけではない。これは一見すると奇妙に思われる。なぜ、人々は学歴にこだわったのであろうか。

③学歴の象徴的価値

実は、人々が学歴にこだわる理由は別のところにあったのである。それを最も端的に指摘したのが、教育社会学者の竹内洋である。竹内は、日本では、有名大学を出ていることが、人間としての基本的価値が高いことであるかのように見られる傾向があり、「社会的な毛並みがよい」「貴種である」として羨望の対象となるからだと述べている。竹内は、これを学歴のもつ「象徴的価値」と称した（竹内, 1995）。

学歴があたかも家柄や血統のように固定的にとらえられている点は、先述した OECD の調査団の見立てとも符合する。加えて、大学間の序列がその大学の教育研究内容の水準や社会への貢献度ではなく、入試偏差値というきわめて一元的なものさしによって決定されている現実があった。このような日本の学歴社会を、イギリスの階級社会と比較すると、その特徴がよりはっきりする。イギリスでは、出身階級（親の階層）が本人の将来を大きく規定すると言われている。それは所属する階級が生得的に決まっていることを意味するが、そのような社会では、

階級をめぐって獲得競争は生じない。しかし,日本の場合,高い学歴を目指して熾烈な競争が生起する。学歴は,本人の能力と努力次第で獲得可能だからである。日本では,たとえ富裕な階層に生まれなくても,苦学して有名大学を卒業すれば,十分に社会的威信と誇りを手に入れることができる(池上,1999)。これは,階層間移動の起こりやすい開かれた社会であることを意味している。けれども,それが18歳の大学入試という人生のごく限れた時期に体験する試練の成否にかかっている。ここに日本の学歴社会の特異性があるといえる。

(3) 学歴社会の変質——学歴競争社会から学歴分断社会へ

1970年代以降,日本社会を語るうえで「学歴社会」は重要なキーワードとなった。しかし,その後「学歴社会論」は次第に聞かれなくなり,最近では貧富の差を問題とする「格差社会論」が花盛りである。社会経済状況の変化により,日本の雇用環境が様変わりしたことが一つの要因として考えられる。すなわち,長引く経済的な不況により,大手企業の中にも経営が悪化し倒産に至る例が増え,また終身雇用制度の維持が困難になるなど,大企業でもリストラが断行されるようになった。もはや有名大学を卒業したからといって,必ずしも安定した地位や生活が保障されるわけでないことを人々が認識し始めたのかもしれない。けれども,学歴の社会経済的効用はもともとさほど大きくなかったことを考えると,社会的アジェンダとして関心

を惹かなくなっただけであって、人々の意識の底流に依然として学歴のもつ象徴的価値へのこだわりがあることは否定できないであろう。

①学歴分断社会

このような状況の中、最近、学歴格差をめぐる論議が再燃しつつある。その代表例が、吉川徹の「学歴分断社会」論である。吉川の主張を要約すると次のようになる（吉川，2006；2009）。上昇を続けてきた日本の大学進学率は頭打ちになり、しばらく前から50％を少し上回る水準で推移している。そのため、大卒層と非大卒層が日本の全人口に占める割合がほぼ同数となり、今後もそれは続くということである。そして、両者の間にさまざまな格差が生じており、まさに日本の社会は真二つに分断されている状況にあるという。より重要なことは、これら2つの階層間の移動が減少し階層の固定化が進行しつつあるという点である。高度成長期の学歴社会の特徴は、学歴獲得競争を通して、子が親の階層を超えてより上位の階層に移動することが多かったことである。現在は、大半が親の学歴水準が子に受け渡されている状況にある。親が大卒であれば子も大卒となり、親が非大卒であれば、子も非大卒となる傾向が増大しているのである。さらに吉川は、さまざまな調査データに基づき、この2つの階層の間には、職業的威信、経済的豊かさ、子育て戦略、消費行動、文化活動、政治行動、さらには、希望や意欲、趣味や関心など精神構造において違いが見られると主張する。要す

るに,最近,話題になっているさまざまな格差現象は,この学歴分断線によって説明が可能であるというのである。

②学歴格差の三極化

現在の日本の社会構造を形作っている主要な要因は,依然として学歴であるという論考は,橘木俊詔によってもなされている(橘木,2010)。橘木は,日本の学歴社会は,現在,三極化の様相を示しており,学歴格差には次の3種類あると述べている。一つは,中卒,高卒,短大卒,大卒,大学院卒,あるいは,専門学校卒という卒業学校段階による差である。第2は,学校の社会的評価や名門度による差である。これについては,最終学歴となる大学や大学院での差が注目を集めることになる。第3は,最終学歴の学校で学んだ専攻科目による差である。大学であれば,医学部,工学部,法学部などの学部の違い,高校であれば,普通科,工業科,商業科といった違いである。そして,それぞれにおける格差が,どのような仕事に就けるか,どのような企業や官公庁に入社,入庁できるか,組織内でどこまで昇進できるか,どのくらいの収入が得られるかといった個人の経済生活に大きく影響し,さらに結婚や子育てなどの家庭生活,ひいては精神的なあり方にまで影響が及ぶことを,最新のデータを駆使して検証している。彼は,それらの結果を総括し,どのような教育を受けたかが,人生における結果の格差につながると結論している。

以上,2人の論者の議論から,日本の社会を語るうえで,依

然として「学歴」が重要な位置を占めていることがわかる。ただし，一億総中流社会では学歴による経済格差は小さく，実質を伴わない学歴の象徴的価値が威力を発揮していたのに対して，現在の日本は，学歴が実質的な格差をもたらす社会になったといえるかもしれない。また，一億総中流時代は，すべての国民が学歴獲得競争に参入し社会的に生まれ変わることが可能な社会であったが，現在は，階層の固定化が進み社会的生まれ変わりの困難な社会になってきたといえる。学歴が実質的な格差と深く結びつくようになった現代こそ，まさに真の意味での「学歴社会」なのかもしれない。以上のようなことから，筆者は，日本における格差，不平等問題は学歴が重要なキーワードになると考えた。

2 隠蔽される不平等

(1) 学歴社会と相補的世界観

　では，日本社会における学歴による格差，不平等を日本人はどのように認識しているのだろうか。また，学歴主義に対してはどのように考えているのだろうか。そこに「システム正当化動機」はかかわっているのだろうか。こうした関心から，筆者は，20代から60代の年齢層が含まれる社会人116名（男性41名，女性74名，不明1名）を対象に探索的な調査を行った（池上，2009）。ごく限られたサンプルであるため，直ちに一般化はで

きないが，参考となる結果が得られているので紹介したい。

①学歴社会に対する意識の測定

まず，学歴格差の認識度を測定するため，次の4つの意見項目（池上，2004；Ikegami, 2010）についてどのくらいそう思うかを尋ねた。なお，これらは，橘木のいう卒業学校の名門度による格差の認識をとらえたものである。（ア）を肯定し，（イ）〜（エ）を否定する態度を表明するほど学歴格差を強く認識しているとみなした。

（ア）日本では，どこの大学を卒業したかによって将来が決まる。

（イ）日本では，たとえ有名大学を出ていなくても成功する道はいくらでもある。

（ウ）日本では，どこの大学を卒業したかより，大学でどのような成績を修めたかのほうが重視される。

（エ）日本では，平均的大学を卒業した者が一流大学を卒業した者を凌ぐことは十分ありうる。

次に，学歴主義に対してどのくらい肯定的態度を形成しているかを10個の意見項目への賛否度を尋ねることにより測定した。これらの項目は，筆者が独自に作成したものであり，「学歴は本人の実力によって決まるので学歴社会は公平だと思う」「学歴社会は一生懸命勉強すれば誰もが成功のチャンスが与えられる平等な社会といえる」といった項目が含められていた（池上，2004）。加えて，日本社会全体をどのくらい肯定的にみている

かを測定するため、ケイとジョスト（Kay & Jost, 2003）が考案したシステム正当化尺度の8項目を翻案し、日本社会の文脈に合うように一部改変して使用した。「概して日本の社会は公平である」「日本の政治は概ねうまくいっている」といった項目からなり、こられに賛同するほど日本社会を肯定する度合いが強いとみなした。さらに、「相補的世界観」について、ケイとジョストの研究（Kay & Jost, 2003）において使用されていた9項目を翻案し、一部改変したうえで、各項目についてどのくらいそう思うかを尋ねた。「全体としてみれば、世の中はバランスが取れている」「悪いことばかり続いた人も、次には何か良いことが起こるものだ」といった意見項目を肯定する人ほど、相補的世界観への信念が強いとみなした。

②相補的世界観のもたらす影響

分析の結果、まず、相補的世界観を強く信じている者ほど、日本社会の現行の制度を肯定視する度合いが大きいことが確認された。さらに、相補的世界観は、学歴格差の認識を抑制する傾向が認められた。つまり、相補的世界観を信じる者ほど、卒業大学の名門度によって将来が決まるわけではないと考える傾向にあることが示されたのである。相補的世界観への信念が強いと、卒業した学校が名門校でなくても、別の次元（意志の強さ、積極性など）においてそれがなんらかの形で補われるため、学校の名門度によって必ずしも将来の社会的成功が決定されるわけではないという推論が導かれやすいと考えられる。また、

学歴主義の肯定度と日本社会全体の肯定度との間には関連が認められた（前者を肯定する者は，後者も肯定しがちであるという関係があった）（池上，2009）。これらを考え合わせると，相補的世界観は学歴によってすべてが決まるわけではないという考えを引き出すことにより，学歴主義が蔓延する日本社会全体を正当化するよう機能しているといえるかもしれない。

　一方，学歴主義を肯定する態度と相補的世界観の関係は少し複雑であった。全体的には，相補的世界観は学歴主義を肯定する態度と関係がみられなかったからである。ただ，回答者の最終学歴に基づき学歴の高い者（大学院卒，四大卒）と学歴の低い者（短大卒，高卒，中卒，専門学校卒）に分けて分析すると，高学歴者において相補的世界観を否定する者ほど学歴主義を肯定する傾向にあることが見出された（池上，2009）。相補的世界観に基づけば，学歴において優位な立場を得ても，別の次元では劣位に立たされることになる。これは高学歴者にとっては不都合なことであろう。相補的世界観の否定は，この場合，「世の中にはすべてを手に入れる人間もいれば，何も手に入れられない人間もいる」「好ましい結果は，往々にして勝者にもたらされるようになっている」という考えに賛同することを意味する。高学歴者にとっては，非相補的世界観を支持することと学歴社会を正当化することは同義であるのかもしれない。

（2）大学間序列と相補的認知

①上位校と下位校の比較

さて，前章において，ジャッドら（Judd et al., 2005）が集団や人物の評価に相補性がみられると指摘していることを紹介した。相補性とは，対象が集団であれ，個人であれ，社会的判断の主要な2次元である有能性と温かさのうち，一方が高い評価を受けると，他方の評価が相対的に低下する傾向を指す。これには相補的世界観が関与していると考えられている。先述したように，日本の大学は，東大，京大を頂点に入学に際し求められる学力の水準の高さに応じて一元的に序列化されている。そこで，筆者は，この序列の中位にいる大学の学生を対象に，序列の上位にある大学と下位にある大学の学生の有能性と温かさを評価させ，相補性が認められるかを検討した（Ikegami, 2008）。有能さの評価には，「知的」「有能な」といった項目にどのくらいあてはまるか，温かさの評価は，「社交的」「人なつっこい」といった項目にどのくらいあてはまるかを尋ねている。前者は，大学のステイタスに結びついているので地位関連特性，後者はステイタスとは関係ないので地位無関連特性と呼んでおく。

結果は，図4-1aに示した。これを見ると，大学生は，地位関連特性（有能さ）では，序列構造の下位の大学より上位の大学の学生のほうがより有能であると評価する一方で，地位無関連特性（温かさ）では，上位の大学より下位の大学の学生の

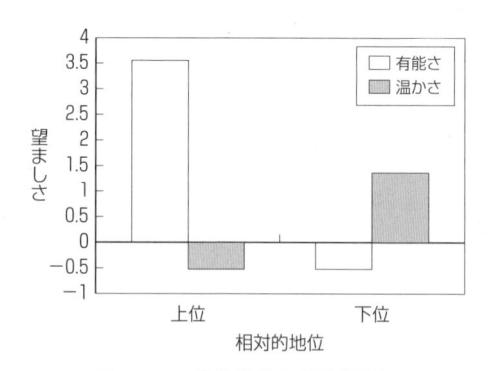

図4-1a　学校格差と相補的認知

出所：Ikegami (2008) に基づき作成。

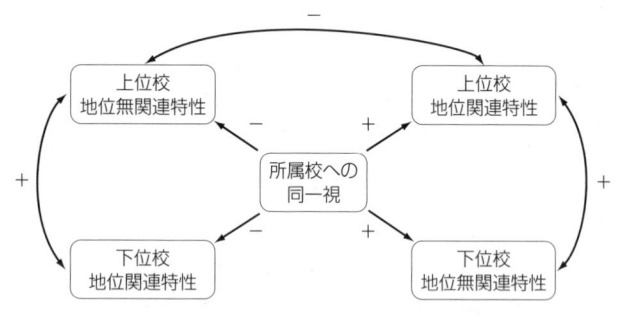

図4-1b　学歴社会における相補的世界観の維持

注：+は「正の関係」、-は「負の関係」を表す。
出所：Ikegami (2008) に基づき作成。

ほうがより温かいと評価していることがわかる。さらに，各評定間の関連性を分析したところ，次のようなパターンが観察された（図4-1b参照）。上位の大学の学生の有能性を高く評定する者ほど，彼らの温かさは低く評定する傾向にあった。上位

の大学の学生の有能性を高く評定する者ほど,下位の大学の学生の温かさを高く評定する傾向も認められた。さらに,下位の大学の有能性を低く評定する者ほど,上位の大学の温かさを低く評定する傾向が見出された。大学生たちは,序列の上位にあるエリート校の学生は能力面では優れているかもしれないが,人柄の面では序列の下位にある非エリート校の学生のほうが優っていると認識することで,相補的世界観を維持しているかにみえた。

エリート校の学生が社会から賞賛を受け,将来を有望視され厚遇されるのが日本の学歴社会である。このように学校歴により格差の生ずる社会は,平等主義思想と相反する社会である。平等主義の観点からは,エリート校出身であろうと,非エリート校出身であろうと,社会では平等に遇されてしかるべきだからである。また,日本社会は,学歴信仰が強い一方で,学歴主義や受験競争への批判も根強い。成績や能力による序列化を忌避し,これを「差別」と批判する風潮は,他国にない日本独特のものであるとも言われている(苅谷, 1995)。日本社会にみられる大学イメージにおける相補性は,こうした葛藤が強いことを表しているとも言えよう。ケイらは,相補的認知には,このような葛藤を軽減する機能があると論じている(Kay et al., 2007)。相補的認知は,ある次元で優る対象は,別の次元で劣るものであるというステレオタイプ的信念に基づく認知であり,平等幻想を生成し平等主義的世界観の維持に寄与するからであ

る（97-98頁参照）。

②学歴主義の肯定と相補的認知

そこで筆者は，上位校と下位校に対する評価における相補性と，大学間格差を生み出す学歴主義を肯定する態度との関連を調べてみた（池上，2010）。この調査でも，前述の調査と同様，大学生に所属校より高い序列にある上位校と低い序列にある下位校の学生の有能さと温かさを評定してもらった。

ただ，相補的認知のもつ機能が，平等主義的世界観を維持することだけではないことも考慮する必要がある。タジフェルとターナー（Tajfel & Turner, 1986）が提唱した社会的アイデンティティ理論（78頁参照）の見地からは，集団間に存在する序列構造の肯定は，自分が所属する集団（内集団）が相対的に劣位にある（上位校との比較により劣位が認識された）とき，内集団高揚動機との葛藤をもたらすことが予想されるからである。そのような場合には，内集団への脅威となる上位集団の地位無関連次元での評価を引き下げようとするであろう。もっとも，このとき，地位関連次元である有能性の評価を引き下げる可能性もある。しかし，日本の大学間の学力格差は，入試偏差値というかなり具体的で客観性の高い指標によってとらえられ，大学間の優劣に関する認識が社会に広く共有されている。したがって，地位関連次元での評価に主観の入り込む余地は少なく，地位無関連次元での評価を主観レベルで変化させることで脅威に対処する可能性のほうが大きいと考えられる。一方，所属集

団が優位を保てる下位集団との比較は脅威になりにくいため，内集団高揚動機との葛藤が少ないと考えられる。内集団高揚動機との葛藤が生起しにくい状況下では，むしろ，平等主義理念との葛藤が顕現化しやすく，下位集団の地位無関連次元での評価を高めようとするであろう。

　内集団高揚動機は，所属集団への帰属意識や愛着が強く集団自己同一視の程度が高いときは喚起されやすく，自己同一視の程度が低いときは喚起されにくいと考えられる。つまり，所属大学に強く自己同一視している者は，内集団高揚動機との葛藤が生じやすいが，所属大学にそれほど自己同一視していない者は，内集団高揚動機との葛藤よりは，平等主義理念との葛藤が生じやすいことが予想される。そこで，上述した上位校や下位校に対する評定を行う前に，参加者に所属校への自己同一視（帰属意識と愛着）の程度を測定するための質問項目にまず回答してもらった。

　次いで，所属校を含む10校の大学名を呈示し，それぞれの学力水準を6段階で評定するよう求めた。このとき，回答者を2つの条件に割り振り，一つの条件では所属校以外の9校のうち1校を除く8校が所属校より上位の大学となるようにし，もう一つの条件では逆にそれら8校が下位の大学になるようにした。つまり，前者の場合，所属校の劣位が顕現化しやすくアイデンティティへの脅威が高まりやすいのに対して，後者は，所属校の優位が顕現化しアイデンティティは脅威を受けないことにな

る。その上で，上述した上位校や下位校への評定を行い，回答者ごとに各対象校の有能さの評価と温かさの評価の差を算出して，相補性の指標とした。なお，上位校については，有能さの評点から温かさの評点を減じ，下位校については，温かさの評点から有能さの評点を減じた。

③下位校と上位校に対する相補的認知の比較

分析の結果，学歴主義に肯定的である者ほど，下位校に対する相補的認知の度合いが強いことが見出された。この関係は，所属校への同一視の水準や所属校の地位に対する脅威の有無にかかわらず認められた。これは，学歴階層社会において劣位にある下位校に対して，能力的な面では低い評価をしても人柄の面での評価を称揚することで，平等主義理念との葛藤を緩和しているとみることが可能である。下位校に対する認知には，内集団高揚動機との葛藤は関与しておらず，劣位にある者への憐憫が強い動機づけとなっているとも考えられる。したがって，この場合は，ケイら (Kay et al., 2007) の主張するプロセスが働いていると言ってよいかもしれない。

一方，上位校の結果は下位校に比べ複雑であった。上位校に対しては，所属校への同一視が強い者ほど相補性が明確化することが示された。さらに，所属校への同一視が強い者において，所属校の劣位を知覚し脅威に直面したとき，学歴主義を肯定する態度が明確であるほど相補性も明確にみられるという関係が顕現化する傾向が認められ，それ以外の場合には，両者の関係

は認められなかった。学歴主義，すなわち学歴階層社会を肯定することは，自校と上位校との比較において内集団高揚動機が脅かされることに繋がる。その葛藤を解消するために，上位校の学生は能力面では優れていても，人柄の面では劣っているかのようにみようとしていることがうかがえる。上位校に対する相補的認知は内集団高揚動機に由来する部分が大きいといえる。

学歴格差社会を生きる人たちには2種類の痛みがつきまとう。一つは，階層の上位の者との比較により自らの劣位を認識することからくる痛みであり，もう一つは，自分より下位の階層にある者に対して感じるある種の罪障感に起因する痛みである。上記の結果から，前者の痛みは，上位校に対する相補的認知により緩和し，後者の痛みは，下位校に対する相補的認知により緩和していると推察される。そして，このように重層的な苦痛緩和機制を働かせることにより学歴階層社会が正当化されていることがうかがえる（池上，2010）。

(3) システム正当化は内集団正当化を凌駕するか

①自他比較と相補性

前項では，学歴（学校歴）格差社会の正当化に相補的認知がいかに関連するかをみてきた。筆者は，この問題について，前項で紹介した研究とは異なるパラダイムを用いた研究においても検討している（池上，2006）。この研究では，ある架空の大学生の望ましい行動と望ましくない行動を同数ずつ描写したシ

ナリオを大学生に提示し，印象を評定するよう求めた。シナリオは2種類用意し，一つはシナリオに登場する大学生（ターゲット人物）が，回答者の所属する大学より上位のランクに位置する大学の学生であると受け取れる記述を冒頭に挿入し，もう一つは，回答者の大学より下位のランクの大学の学生であると受け取れる記述を挿入した。前者を高地位条件，後者を低地位条件と呼ぶことにする。回答者には，対象人物の印象を複数の特性項目について評定してもらったあと，対象人物と自己を比較してどちらが知的特性（頭のよさ）と対人的特性（心の広さ）において優っていると思うかを7点法により回答してもらった。中点（4点）が，対象人物と自己が同程度であると認識されていることを表し，中点より高いと自分より相手が優り，中点より低いと自分より相手が劣ると認識されていることを表すようにした。また，前述の研究と同様に，印象形成課題を実施する前に所属大学への自己同一視（帰属意識と愛着）の程度と学歴社会を肯定する程度を測定する質問項目にも回答を求めている。

対象人物と自己を比較する優劣評定の結果を分析したところ，知的特性については，低地位条件より高地位条件のほうが自分より相手を高く評価し，対人的特性については，逆に高地位条件より低地位条件のほうが自分より相手を高く評価するという典型的な相補性効果がみられた。さらに高地位条件での知的特性と対人的特性の優劣評定を比べると，高地位条件では，知的

特性は中点（4点）を上回る傾向にあり，対人的特性は中点を下回る傾向にあったのに対して，低地位条件では反対に対人的特性が中点を上回り，知的特性が中点を下回る傾向が示された。つまり，回答者は，自分の所属する大学よりランクの高い大学の学生に対しては，自分より相手のほうが地位関連特性である能力面では優っていると評価しながら，地位に無関連な特性である人柄の面では自分のほうが優っていると見なす傾向にあった。また，自分の大学よりランクの低い大学の学生に対しては，相手より自分のほうが能力面で優っているとしながら，人柄の面では自分より相手のほうが優っていると見なす傾向にあった。

②所属校への同一視と相補性

さらに，所属校への自己同一視の程度により回答者を2群に分けて分析した。すると，上述したような相補性は，同一視の程度の低い人たちより，同一視の程度の高い人たちにおいてより明確に見られ，同一視の程度の高い人たちは，自分たちより低いランクの学生の能力をより低く評価し，人柄をより高く評価する傾向を示した（図4-2参照）。所属校への同一視の高い学生は，内集団高揚動機が喚起されやすいため，ランクの低い大学の学生の能力を自分たちより相対的に低く見積もることで，この動機を充足させようとしたと考えられる。しかしながら，それは同時に平等主義思想とは相反するため，地位と関連のない次元での評価をことさら高めることによって，バランスを得ようとしているかに見える。

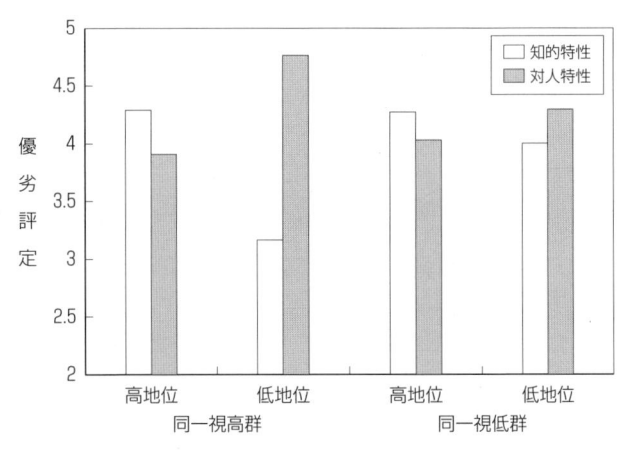

図4-2　大学の序列と相補的認知

注：数値が高いほうが自分より対象人物のほうが優ると評価していることを示す。4点が中点で自分と対象人物の間に優劣はないと評価していることをあらわす。
出所：池上（2006）に基づき作成。

③相補性と学歴格差の容認

また，筆者は，この研究で得たデータを基に次のような追加的分析を行った。知的特性と対人的特性のうち，いずれか一方での評価が高ければ，他方の評価が低くなる傾向の強さを表す相補性指標を構成し，そのスコアと学歴社会を肯定する程度との関連を調べたのである。その結果，両者の間に全体としてごく弱い関連が認められ，その関連は同一視の高い人たちにおいて強くなることが見出された。同一視の高い人たちは，内集団高揚動機と平等主義的世界観が拮抗しやすいゆえに，相補的認

知を行うことによりその葛藤を軽減しようとしているのかもしれない。内集団高揚動機の充足と平等主義的世界観の維持という2つの要求を同時に満たそうとしているともいえる。それはまた，結局のところ学歴格差社会の容認に結びつくことになるであろう（池上，2006）。

　以上より，学歴階層社会といわれる日本社会においても，階層システムを正当化しようとする動機が存在すること，また，この動機は所属集団の価値を守ろうとする動機をある意味で凌駕しうることがうかがえる。なぜなら，所属集団もしくは所属階級への自己同一視が強い者ほど，自分たちより下位にある集団／階級に対する優越性を誇示しようとしながら，その一方で地位に無関連な次元では所属集団を相対的に卑下するような態度をより強く示しているからである。内集団高揚動機をまず充足させながらも，最終的には平等主義的世界観を維持することを目標としていることがうかがえる。

　さらに，この研究において所属校への自己同一視と関係なく上位集団の能力が高く評価されていたことや，先に紹介した筆者の別の研究（Ikegami, 2008）において所属校への同一視が強いほど上位校の地位関連特性（能力）を高く評価する傾向が認められたことも注目される（図4-1b参照）。これは内集団高揚動機を必ずしも優先させていないことを示唆しているからである。自分たちより上位の集団の人たちの能力を高く評価することは，所属集団の価値を脅かすと考えられることから，もし

内集団高揚動機を優先させるなら，上位集団の能力評価を低めようとするであろう。だが，それは既存の地位システムの正当性を否定することになる。それゆえ，地位に関連する能力次元では上位集団を高く評価し地位システム自体の正当性を確保しながら，地位に無関連な次元での評価を相補的に低めることにより平等主義的世界観への脅威を緩和しているといえる。人々が第一義的に達成しようとしている目標は，現行の学歴社会システムを正当化することであることがわかる。

第5章

社会的アイデンティティと階層システム

　第4章では，社会的アイデンティティの維持，防衛と社会システムの正当化が拮抗するとき，人はそれにどのように対処するのかを日本の学歴階層社会の文脈において検討した。その結果，社会的アイデンティティより社会システムの正当性が優先されやすいことが示唆された。そこでは，社会的アイデンティティにかかわる動機はシステム正当化動機に干渉するものとしてとらえられていた。しかしながら，実は，社会的アイデンティティに起因する心的過程それ自体に，現行の階層システムの維持と強化を促す機能が内在している可能性も考えられる。集団間に地位差がある場合，社会的アイデンティティを維持，防衛しようとする動機の強さが，上位の集団と下位の集団とでは異なることが一つの要因として挙げられよう。加えて，筆者自身の研究によって，序列の中位にある集団の構成員が示す社会的アイデンティティへの脅威に対する対処方略も重要な要因であることが明らかになっている。本章では，これらがいかにして階層システムの維持と強化に関係するのかをみていく。

1 社会的アイデンティティと集団間格差

　第3章において述べたように,社会的アイデンティティ理論によれば,所属集団(内集団)への自己同一視(帰属意識や愛着)が強いほど,外集団(他集団)に対する内集団の優越性を確認しようとする内集団ひいきが生起しやすくなる(Hinkle et al., 1989; Karasawa, 1991)。また,外集団が内集団の価値を脅かすとき,その外集団を排斥し攻撃する行動に向かいやすくなる。

(1) 集合的自尊心と外集団蔑視

　たとえば,ブランスコームとワン(Branscombe & Wann, 1994)は,アメリカの大学生を対象にアメリカ人ボクサーとロシア人ボクサーが対決するシーンのある映画「ロッキーⅣ」の一部を上映し,それに対する反応を測定するという実験を行っている。すると,アメリカ人ボクサーがロシア人ボクサーに敗北するシーンを見た学生は,その逆のシーンをみた学生に比べ,アメリカ人としての自尊心が傷ついたと報告した。このような社会的アイデンティティ(アメリカ人アイデンティティ)に基づく自尊心を集合的自尊心と呼び,個人的自尊心とは区別されている(Luhtanen & Crocker, 1992)。そして,この集合的自尊心の低下が著しかった学生ほど,そのあとの質問紙においてロシア人全般に対して排斥的な態度をより強く表明し,そのよう

にすることで傷ついた自尊心を回復させていることが示された。

内集団への脅威と外集団に対する否定的態度（敵対心，嫌悪，軽蔑）との関係は，他の多くの研究によっても実証されている。レイクら（Reik et al., 2006）がそれらの研究を包括的に概観しているが，このような関係は，内集団にもたらされる脅威が外集団との直接的で現実的な利害の対立に起因するものであっても，価値観や規範意識の相違による象徴的なレベルの脅威であっても，また外集団にまつわるネガティブなイメージに由来するものであっても基本的に変わらないようである。当然ながら，内集団への自己同一視が強いほど，脅威に対して敏感になりやすいと考えられる。また，どちらかというと，外集団の地位が内集団に比べ相対的に低いとき，攻撃の矛先が向けられやすいことも明らかにされている。

（2）地位差と集団間差別

内集団と外集団の関係が対等でなく地位差がある場合の内集団ひいき（集団間差別）については，ベッテンコートらが膨大な研究を渉猟し詳細なメタ分析を実施しているが（Bettencourt et al., 2001），そこではいくつか興味深いことが明らかになっている。まず，相対的に地位の高い集団のほうが地位の低い集団に比べ，地位に関連する特性において自分たちの優位性を強調する（e.g., 自分たちのほうが能力はあると主張する）傾向がみられる点である。しかし，それは集団間の地位差（たとえば，経

済格差）が正当であると知覚されている場合であり，正当性について疑問が呈されているときは，この違いは小さくなる。集団間の格差に正当性がないと認識されれば，低い地位にある集団も当該特性における自分たちの優位を主張するようになるからである。換言すれば，社会の階層構造に正当な根拠があるとみなされているときは，地位の低い集団のメンバーは自らの立場を受け入れ地位の高い集団に対して概して協力的になると考えられる。

　一方，地位の高い集団は，地位の低い集団に比べ，地位に関連する特性だけでなく，地位とは関係のない特性次元（協調性など）においても自分たちは相手集団よりすぐれていると思い込もうとする傾向がある。加えて，地位の高い集団の人たちは，どちらかというと，地位の低い集団に特徴的にみられる長所を認めたがらないことが示されている。そうすることによって，階層システムにおける自分たちの優位性をよりゆるぎないものと信じたいからではないかと考察されている。さらに，このような傾向は集団間の移動可能性（集団境界の透過性）の高低によって異なり，地位差のある両集団の間の移動が容易であるときほど，地位の高い集団は地位と無関係な特性における自分たちの優位を強調しようとするようである。集団間の移動可能性が大きい状況では，低い階層の人たちの社会の上層部への移動が起きやすいだけでなく，高い階層の人たちが下位の階層に転落する恐れも大きくなる。それゆえ，地位の高い集団のメン

第5章 社会的アイデンティティと階層システム

バーは自分たちの現在の地位の保全に努めるのだと考えられる。総じて，地位の高い集団のほうが，自分たちの優位を維持することに躍起になっていることがうかがえよう。一方，集団間の地位差に正当性がないとみなされるときは，地位の低い集団のメンバーも地位の高い集団に対抗するように地位と無関係な特性における自分たちの優位を主張するようになる。その結果，両集団の内集団ひいきの強さに違いはみられなくなる。

以上より，対立する2つの集団の間に地位差があるとき，双方が示す内集団ひいきには非対称性がみられ，地位の低い集団は，地位の高い集団ほど内集団ひいきを示さないことがわかる。このことは，階層システムの中で不利な立場に置かれている集団が現状を容認しやすいことを表しており，集団間に格差が生まれたとき，その現状が維持されやすいことを示唆している。ただし，集団間格差や階層構造の正当性に揺らぎが生じ，現状の社会体制の持続性が危ぶまれる状況になると，劣位にある集団も優位に立つ集団と鋭く対立するようになる。その結果，社会的変動が起こりやすくなる。

しかし，現状の体制に相応の正当性があり，当面持続すると信じられている場合は，社会変革への動きは生じにくく集団間格差は固定化されていくことが予想される。既存の集団間関係において不利な立場に置かれている集団の現状を変えようとする力より，その関係において有利な立場にある集団がこれを堅持せんとする力のほうが上回るからである。

これに類する議論は，本書の第1章で取り上げた社会的支配理論からも導かれることは既述した通りである。社会的支配理論では，階層神話が階層社会において有利な立場にある集団と不利な立場にある集団に共通に浸透するメカニズムの役割が強調されたのに対して，ここでの議論は，社会的アイデンティティに基づく集団レベルの正当化がシステムレベルの正当化に凌駕されることに力点が置かれている点に特色がある。階層システム全体の正当性の知覚が，地位の低い集団の内集団高揚動機を抑制している点に注意する必要がある。

2　中間層の心理

　第4章において紹介した筆者自身の一連の研究によって明らかになったのは，所属集団や所属階級への同一視が強く内集団高揚動機が喚起されやすい者ほど，集団間の序列や格差に敏感になるために，相補的認知により平等幻想を生成してシステムの肯定化をはかろうとするということであった。これは裏返せば，集団への自己同一視の低い者は，内集団高揚動機が喚起されにくく集団間比較も行わないため，集団間の序列や格差に無関心でいられることを示しているともいえる。したがって，階層システムの正当性への関心も喚起されにくいことが予想される。しかしながら，日本的学歴階層社会のように階層や序列が固定化されている社会の下では，集団への同一視の低さが，必

第5章 社会的アイデンティティと階層システム

ずしも集団間の序列や格差への無関心を意味しないことがある。むしろ，序列や格差に敏感になり差別的反応を示す場合すらある。ここでは，それはどのような場合なのか，そのときどのようなことが起きるのかを筆者の研究を中心に検討していく。

　前節でみたように社会的アイデンティティ研究は，その多くが2つの集団間の関係に焦点を当てている。けれども，現実の世界では，多数の集団が特定の社会的状況に同時に関与し，それらの集団が一定の次元軸に沿って階層化されていることが多い。たとえば，日本の学歴階層社会を考えてみると，大学院卒，大卒，短大卒，高卒，中卒というように複数の卒業学校段階からなる位階構造が構成されている。また，仮に大卒に限定した場合でも，社会的評価や名門度に応じて序列の上位に位置する一流大学から，中位に位置する平均的大学，下位に位置する弱小大学までさまざまなランクに区分けされうる。ここで留意したいことは，階層化された社会においては，社会の構成メンバーの大半が中位の階層に所属している点である。すなわち，大多数の人々は，自分たちより上位の階級（集団）に属する人たちと自分たちを比較する一方で，自分たちより下位の階級（集団）に属する人たちと自分たちを比較することが可能な状況に置かれているといえる。では，このような中位の階級に属する中間層の人たちは，序列や格差についてどのように考えるのであろうか。この点について，筆者の行った一連の研究から考察することにする。

前述したように日本は学歴社会である。これは，日本の社会構造を形作っている主要な要因として学歴が重要な位置を占めていること，また他者を認識するときに学歴が重要な徴表として機能していることを意味している。そして，大学への進学率が50％近くにおよんでいることから，卒業段階が大卒以上であるか高卒以下であるかの間に重要な分断線が形成されているという指摘がある（吉川，2006；2009）ことは第4章で述べたとおりである。加えて，日本の大学は，知名度や入学困難度に応じて東大を頂点とする堅固な階級構造を形成していることも周知の事実である。そして，日本の多くの若者は，学力偏差値という一元的な評価軸上での微細な差異に応じて序列の上位の大学から下位の大学までに振り分けられている実態がある。こうした実情を踏まえ，筆者は，序列の中位に位置する大学の学生の意識に焦点を当て一連の研究を行った。

(1) 集団間序列と集団自己同一視
①内集団卑下と下位集団の蔑視

　最初の研究（Ikegami, 2004）では，対象とした大学生に自校への帰属意識や愛着について尋ねることにより集団自己同一視を測定したうえで，対象校より上位の大学，下位の大学，同程度の大学を1校ずつ挙げ，自校の大学の学生と合わせて，各大学の学生に対してどのようなイメージを抱いているか思い浮かぶ特徴を自由に列記してもらった。そのあと，回答者には自分

が挙げた特徴それぞれの望ましさを7段階（−3　−2　−1　0　+1　+2　+3）で評定するよう求めた。これらの回答結果に基づき，各回答者がそれぞれの大学について形成している個人に固有のイメージの望ましさを示すポジティビティ得点を算出して分析に用いた。

なお，各大学のイメージを答えてもらう前に，自校を含む8校の大学名を挙げ，各大学の入学困難度を6段階で評定するよう求めている。このとき半数の回答者には自校以外の7校の大学のうち5校が自校より上位の大学によって占められるリストを提示し，残り半数の回答者には，7校のうち5校が下位の大学からなるリストを提示した。前者の場合は，自校の劣位が顕現化するため内集団地位への脅威が大きい条件，後者の場合は，逆に自校の優位が顕現化しやすいため内集団地位への脅威が小さい条件といえる。社会的アイデンティティ理論に基づけば，内集団地位への脅威が大きい条件下のほうが，集団アイデンティティを防衛するような反応，内集団（自校）の評価を高め，外集団（他校）の評価を低めるような反応が生起しやすいことが予想される。そして，そのような反応傾向は，自校への集団自己同一視の程度の高い学生において顕著に認められると考えられる。

ところが，結果はこの予想を大きく裏切るものであった。自校への集団自己同一視の高い群と低い群に分けて，内集団地位への脅威の大きい条件と小さい条件の別に，大学イメージのポ

ジティビティ得点を比較したところ，総じて自校への集団自己同一視の高い群のほうが低い群に比べ，他校を好意的にみていたのである。自校のイメージ得点と比べても他校のほうをむしろ好ましく評価していた。加えて，同一視高群のこの傾向は，内集団地位への脅威が強まってもあまり変化していなかった。同一視低群も自校を他校より低く評価する傾向にあった。ただ，同一視高群と異なり，下位校に対する評価は自校と同じくらい低かった。そして同一視低群は，自校の劣位が顕現化し脅威が強まると，自校の評価をさらに下げていたが，同時に下位の大学の評価も下げていた。また，下位校に対するほど顕著ではないが，上位の大学に対する評価をわずかながら高めていた。すなわち，この研究の特筆すべき点は，外集団より内集団を低く評価する内集団卑下（in-group derogation）と，下位の外集団の評価を下げる下位集団蔑視が共起する場合のあることが示されたことにある。

②自己と集団の価値適合性モデル

筆者は，以上の結果から，この研究の対象となった大学の学生の場合，所属校への自校同一視が強い者ほど，大学間の序列へのこだわりが小さいのではないかと考えた。これは社会的アイデンティティ理論とは一見すると矛盾しているが，ロングとスピアーズ（Long & Spears, 1997）が提唱しているモデルに基づけば解釈可能であると考えた。彼らのモデルによれば，人々は自分の所属している集団に対する社会的評価と，自分自身の

自己評価が一致しているときは，集団間の優劣の比較による脅威の影響を受けにくいことになる。ただし，これには2通りのパターンがある。一つは，自分の価値を高く評価している個人が，社会的に高い評価を受けている集団に所属している場合である。この場合は，自分は自分の価値にふさわしい集団に所属しているという満足感が脅威に対する耐性を高めると考えられる。彼らは，このグループを満足型（satisfied）と呼んでいる。他方，自分の価値を低く評価している個人が，社会的に低い評価を受けている集団に所属している場合は，自分はこのレベルの集団に甘んじるしかないといった諦念から集団間の比較に無関心になるといえる。このグループは，敗北型（defeated）と命名されている。

他方，集団の社会的評価と個人の自己評価が一致していないとき，人々は集団間比較に敏感に反応するようになる。ただし，これにも2通り考えられる。一つは，自己評価の低い個人が，社会的に高い評価を受けている集団に所属している場合である。この場合，自分は分不相応な集団に所属しているという感覚が生じるが，集団のもつ威信により自尊心を実際以上に高揚させることができるため，集団の評価を脅かす事態には少なからず敏感になると推測される。このグループは，虚栄型（flattered）と呼ばれる。そして，集団間の優劣に最も敏感に反応するのが，もう一つのパターンである不本意型（disaffected）である。このグループの人たちは，自分自身に対する評価は高いが，所属

表5-1　自己と集団の価値適合性モデル

		自 己 評 価	
		高	低
集団評価	高	満足型 自己＝集団 比較脅威小	虚栄型 自己＜集団 比較脅威大
集団評価	低	不本意型 自己＞集団 比較脅威大	敗北型 自己＝集団 比較脅威小

出所：Long & Spears (1997) に基づき作成。

している集団の社会的評価が低く，このような低いレベルの集団に自分が所属していることに不満を抱いており，自分はもっと高いレベルの集団に属してしかるべきであると感じている。このような人たちは，集団に所属していること自体が自我への脅威となっており，集団間比較により所属集団の劣位が顕現化することは，その脅威がさらに強まることを意味するため，これに対処するための防衛的な反応がかなり強く表れることになる。以上の議論を図式的に表現したものが表5-1である。

つまり，ロングとスピアーズの類型に従えば，上記に紹介した筆者の研究（Ikegami, 2004）における集団自己同一視高群は，その反応パターンから「満足型」ではないかと考えられる。なぜなら，彼らは，ほとんど内集団ひいきを示さず外集団である他校を概して高く評価していたからである。また，集団間比較による脅威にも動じていない。これに対して，集団自己同一視低群は，反応パターンから不本意型に相当するとみられる。た

だ，その反応パターンはやや複雑である。彼らは，どちらかというと自校を他校より低く評価しており，概して内集団卑下 (in-group derogation) といえる反応傾向を示していた。しかし，所属校よりランクの低い大学に対する評価は相対的に低く，特に所属校の劣位が顕現化すると，その評価を一段と下げている。同時に所属校よりランクの高い大学に対しては評価を高揚させていた。つまり，集団自己同一視低群は，日頃より集団間の序列を意識しており，内集団の劣位が顕現化するとそれに敏感に反応し，結果的に上位校と下位校の格差を知覚レベルで拡大させていることになる。そこから，不本意な集団所属により傷ついた自己を，下位校を貶価することによって補償するという心理機制が働いていることが推測される。ただし，所属校の評価も下げていることから，そこに関与しているのは，あくまで個人としての自己高揚動機であり，集団レベルの動機である内集団高揚動機に基づいて反応しているわけではないことがうかがえる。

③日本的学歴社会と価値適合性モデル

筆者は，このような結果がみられた背景要因として日本的学歴階層社会の特質に論及した (Ikegami, 2004)。先述したように日本の大学は学力偏差値もしくは社会的知名度によって一元的な位階構造を形成しており，どのランクの大学を卒業するかによって将来獲得できる社会的地位や威信，収入が左右される（と信じられている）。加えて，現行の受験制度では，どのランクの大学に入学するかは，個人の能力や努力に大きく依存して

いる，少なくともそのように信じられている。それゆえ，人々は，大学の序列には敏感であり，中位以下の大学の在籍者や卒業者はトップランクの大学の学生や卒業生に対して多かれ少なかれコンプレックスを持っていると考えられる。ただ，中位のランクの大学に所属する者にとっては，自分たちより下位に位置する大学に所属する者が相当数存在することから，自校への所属に肯定的な意味を見出しやすい（一定程度自尊心を満足させることができる）。このため，自分自身の価値評価と所属大学の社会的評価が一致していると認識している者は，自校に対して積極的に自己同一視しやすい。このような人たちは満足型になるため集団間比較による脅威に対する耐性が高くなり防衛的な反応がみられなかったのであろう。ちなみに，もし自分の所属する大学が最低ランクに位置付けられている場合は，所属校に積極的に自己同一視はしがたいであろうが，それが自分の実力の結果であるとすれば，自己価値と集団価値が共に低い水準で一致する敗北型となる。

　ところで，中位の大学に所属する者が，必ずしも自己価値と集団価値が一致していると認識しているわけではない。彼らの中には，自分は本来ならもっと上位にランクする大学に入学できたはずであるとか，自分はこのような大学に入学するつもりはなかったというように，いわゆる不本意入学者が少なからず存在する。これは上述の不本意型にあたる。こうした不本意入学者は，所属校へ自己同一視することに困難を覚えると共に，

自校に対する低い社会的評価により自己のイメージが損なわれることへの懸念を抱くことになる。日本では大学間の序列が固定化されていて変動しにくく、しかも各大学の評価は社会的に広く知られているからである。その結果、自校を嫌い、自校に所属していることへの不満を表明するという集団脱同一視が生起しやすくなるといえる。

(2) 不本意な社会的アイデンティティと集団間差別
①脱同一視と非同一視

ただし、上述の研究における自己同一視低群は、自校への帰属意識や愛着の得点が低い者が抽出されており、はたして、彼らが自校への所属を不本意に感じ、脱同一視を起こしていたかは不明である。加えて、これまでに少なからぬ論者が、単に集団への帰属意識や愛着が希薄であるという非同一視 (Non-identification) と集団への所属を不本意とする脱同一視 (Disidentificaiton) とは概念的に区別してとらえるべきであると主張している (e.g., Dukerich, Kramer, & Parks, 1998)。それらによれば、非同一視とは、所属集団が個人のアイデンティティにとって重要性が低く特に意味を持たない場合を指す。これに対して、脱同一視は、所属集団から自己を積極的に切り離そうとする心的過程であり、その集団のメンバーであることを否定することによって自分のアイデンティティを確認しようとしていることを指す (図5-1参照)。しかしながら、両者の違

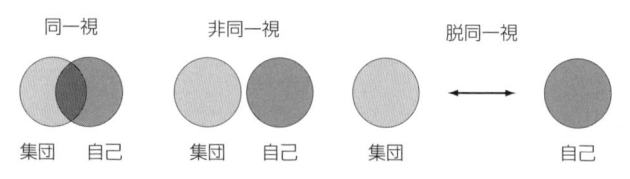

図5-1 同一視，非同一視，脱同一視の概念図
出所：Dukerich et al. (1998) に基づき作成。

いを実証的に検討した研究は非常に少ない状況にあった。

そこで，筆者らは，まず，脱同一視と非同一視を区別して測定することが可能な尺度を開発し，それらが自校（内集団）と他校（外集団）の評価に及ぼす影響を比較することにした（Ikegami & Ishida, 2007）。上述の概念的定義に従い脱同一視を測定する尺度は「私は自分が○○大学の学生であるのが不満である」「私は自分が○○大学の学生でなかったらいいのにと思う」といった項目から構成した。一方，非同一視尺度は，「○○大学の学生であることは，私個人にとっては取るに足らないことである」「私は自分が○○大学の学生であることを意識することはめったにない」といった項目によって構成した。なお，脱同一視得点の高い者は，必然的に所属集団への帰属意識や愛着が希薄であることから，同一視得点は低くなる（非同一視得点は高くなる）が，同一視得点の低い者（非同一視得点が高い者）が必ずしも所属集団に不満があるわけではないため脱同一視得点が高くなるとは限らない。したがって，両者の間にみられる関連性は弱いものであることが予想された。実際，両尺度

の項目をあわせて因子分析を行ったところ、脱同一視と（非）同一視からなる2因子構造が確認され、因子間相関は-.0.29と低かった。

以上より、脱同一視と非同一視は概念的に区別されるべきものであり、また、両者を弁別的に測定することが可能であることが確認された。そこで各尺度の平均値を基準として、同一視得点が高く脱同一視得点が低い者を同一視群（Identifier）、同一視得点が低く脱同一視得点が高い者を脱同一視群（Disidentifier）、同一視得点と脱同一視得点が共に低い者を非同一視群（Non-identifier）として抽出することにした。

②脱同一視と内・外集団の評価

参加者には、これらの尺度に回答してもらった後、前述の研究（Ikegami, 2004）と同じように、所属校よりランクが上位の大学、下位の大学、同等の大学、そして所属大学の4校の大学名を挙げ、各大学の学生の特徴を表す語句を列記させる課題を実施し、各大学に対して抱いているイメージの好ましさを表すポジティビティ得点を算出している。ただし、それに先立ち、所属大学（内集団）の地位に対する脅威の大きさを操作するために自校を含む7つの大学の学力水準について比較し評定するよう求めた。脅威大条件では、比較対象となる6校のうち4校が所属校より上位の大学となるようにし、脅威小条件では、4校が所属校より下位の大学となるようにした。

同一視群、非同一視群、脱同一視群の所属校に対する評価を

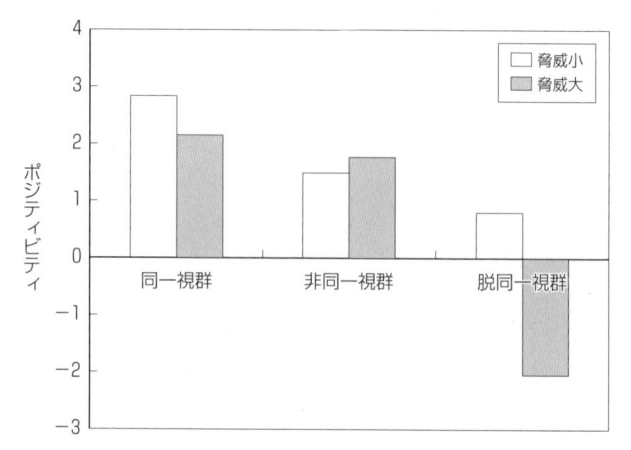

図 5-2a 同一視群,非同一視群,脱同一視群の内集団評価

出所:Ikegami & Ishida (2007) Table 2, p. 142. に基づき作成。

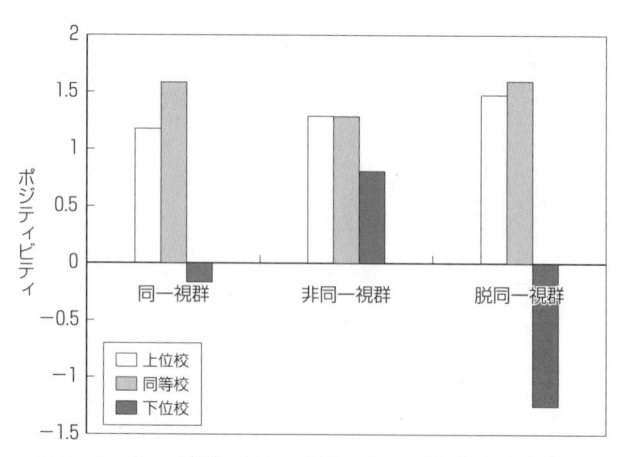

図 5-2b 同一視群,非同一視群,脱同一視群の外集団評価

出所:Ikegami & Ishida (2007) Table 3, p. 144. に基づき作成。

第5章　社会的アイデンティティと階層システム

脅威大・小条件別に図示したのが図5-2aである。これをみてわかるように，脱同一視群は脅威小条件に比べ脅威大条件において自校の評価を大きく下げているのに対して，同一視群と非同一視群は脅威条件間で自校の評価が変化していない。これは脱同一視群が他の2群より大学間の序列に敏感になっていること，彼らの所属校への不満の原因が所属校の社会的評価が自分の要求水準に見合っていないことにあることを表しているといえる。図5-2bは，同一視群，脱同一視群，非同一視群の他校の評価を図示したものである。これをみると，どの群の参加者も所属校より学力水準が相対的に低い下位校の評価が，上位校や同等校に比べて低い。上位校と同等校の間には差が見られない。注目すべきことは，脱同一視群において下位校の評価が他の2群に比べて一段と低くなっている点である。また，追加的に行った分析の結果では，脱同一視得点が相対的に高い者のほうが，脅威操作の影響を受けやすく，所属校の劣位が顕現化する脅威大条件においてとりわけ下位校の評価を低減させる傾向を示すことが見出されている。なお，脱同一視の程度が関連していたのは下位校の評価のみで上位校や同等校の評価とは関連が見られていない。また，（非）同一視の程度は，総じて他校の評価とは関連していなかった。

　以上より，階層の中位に所属する者は，自らの集団所属を不本意に感じるとき（集団への所属が自分の価値を脅かすと感じるとき），その脅威に対する自己防衛反応として下位の階層に所

属する人たちを貶価するといえる。これは彼らが明らかに既存の集団の序列にこだわっていることを示している。一方，集団への所属が自己のアイデンティティとは無関係と感じている場合は，所属集団の地位の高低にも無関心でいられるため，他校（下位校）の評価を下げることで自己防衛をはかる必要性が生じないと考えられる。この2つ目の研究により非同一視と脱同一視が外集団知覚において全く異なる機能をもつことが明確になったことになる。

（3）階層システムと不本意な社会的アイデンティティ

さて，これまで脱同一視は単なる非同一視とは異なることを論じてきた。次の筆者の関心は，どのような社会状況が脱同一視を生み出すのかという点であった。最初の研究（Ikegami, 2004）において論考したように複数の集団の序列が明確に固定化されている状況，その序列に関する情報が社会全体に周知されている状況の下では，トップランクの集団に所属していない限り，たいてい人々の心の中に多かれ少なかれ序列の上位の集団に対してコンプレックスが生まれることになる。日本的学歴階層社会は，このような特徴を備えた社会といえる。さらに，日本的学歴階層社会の特徴として強調しておくべきことは，個人が人生のある時点で得た学歴（集団所属性）が生涯にわたって影響を持ち続けるという点である。これは集団間の移動もしくは階層間の移動が困難な社会であることを意味する。ただし，

客観的にみて学歴がどのくらい日本社会において実質的に影響力をもっているかは別の問題であることは先述したとおりである。ここで重要なことは，日本人が日本の社会をどのようにみているか，いわば「学歴信仰」とか「学歴神話」にどのくらい強く支配されているかという主観的意識が問題となる点である。したがって，そこには当然個人差が存在する。そこで筆者は，再び，序列の中位に位置する大学の学生を対象に学歴による階層システムの存在をどのくらい強固なものと信じているか信念の強さを測定し，それと所属校への脱同一視の関係を調べることにした (Ikegami, 2010)。

①学歴階層システムへの信念と脱同一視

この研究では，まず学歴階層システムに関する信念を，第4章で紹介した4つの項目により測定することにした（128頁参照）。これらによって測定されるのは，主として卒業した大学の名門度により将来が決まるという学歴の効用に対する信念の強さである。続いて先ほどの研究（Ikegami & Ishida, 2007）で開発した脱同一視と非同一視を測定する尺度を一部改変して使用し，参加者の所属校に対する意識の様態を測定した。加えて，この研究においても，他校に対する評価を行うよう求めた。ただし，今回は，各大学に抱いているイメージを自由に列記させるのではなく，研究者の側で用意した所定の特性尺度上で各大学のイメージを評定させる方法を取っている。特性尺度には，有能性に関係する特性項目と友好性に関係する特性項目を同数

ずつ含めた。前者は学力偏差値もしくは社会的威信に基づく大学間の地位差に関連する特性であり、後者はそれとは無関連な特性といえる。この研究では、特に地位に関連する特性での評価に注目して検討した。

　筆者の考えでは、脱同一視者は、所属校から自己を切り離し、上位校に自己を同一視したいと欲していると推測されることから、憧憬と羨望の対象である上位校の評価を高揚させる傾向を示すと予想した。しかし上位校に移動することが現実には容易でないことから、傷ついた自己を補償する目的で下位校の評価を下げるだろうと予想した。加えて、脱同一視者が大学間の序列に敏感であることは、能力次元での評価を重視していることの表れとみなせるので、脱同一視と他校の評価の関係は地位に関連する有能性次元の評価において顕著に認められると推測した。

　要約すると、学歴階層システムへの信念が強いほど、所属校への脱同一視が生起しやすくなり、その結果、上位校の評価が高揚し下位校の評価が低下するという一連のプロセスの存在を想定し、このようなプロセスを検証することを、この研究の目的としたのである。図5-3に分析結果の概略が示されている。予想したように学歴階層システムへの信念は、所属校に対する脱同一視を助長する傾向が認められた（非同一視とは関係がなかった）。また、脱同一視の度合いが強い者ほど下位校を低く評価する傾向がみられた。しかし、脱同一視が上位校の評価を高揚させる傾向は認められなかった。上位校の評価の高揚が見

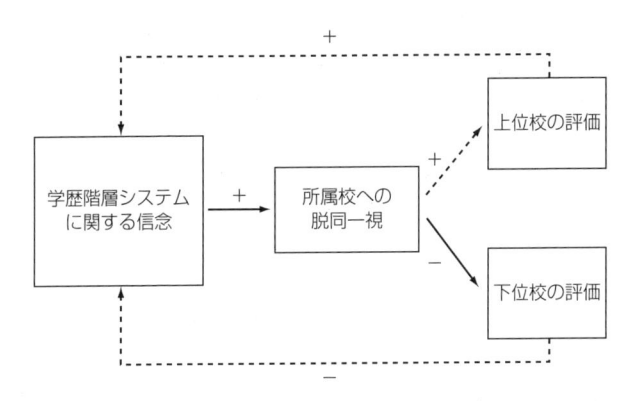

第5章　社会的アイデンティティと階層システム

図5-3　学歴階層システムと脱同一視

注：矢印は理論的に想定される過程。実線のみ実証されたことを示す。
　　+は「促進」, -は「抑制」を表す。
出所：Ikegami (2010) に基づき作成。

られなかった理由として，現実問題として上位校への移動がきわめて困難であることが考えられる。実現可能性の低い目標について考えることは，かえって苦痛をもたらすことから，この場合，脱同一視者は下位校の評価を下げるという対処方略をもっぱら選択したのではないだろうか。

②脱同一視の社会的帰結

筆者は，この研究の主眼であった脱同一視者が下位校の評価を下げ，上位校との格差を知覚レベルで拡大するという予測が支持されたことを踏まえ，そこから，所属集団に脱同一視する者は，結局のところ，自身の懊悩をもたらす既存の階層システムを維持強化することに自ら加担するという皮肉な構図が生じ

ていることを論じた (Ikegami, 2010)。これは，現行の社会体制下で不利な状況におかれている者ほど，当該システムの変革に消極的であるとするシステム正当化理論の主張と類似する部分をもつ。しかし，システム正当化理論の要諦は，個人としての自尊心や内集団の価値よりも社会全体の正当性を優先させることを論じている点にあるが，筆者の脱同一視理論は，自己高揚動機に根差した個人の精神的利益の追求が自分に不利益をもたらす社会システムの維持に結びつくことを指摘している点に大きな違いがあるといえる。既存の階層システムが強固であるほど，社会の大半を占める中間層の中に多くの脱同一視者が生まれ，彼らが自己防衛のために下位の集団を貶価することを通して既存の階層システムの維持に寄与しているというのが筆者の主張である。これは，いったん形成された社会システムの改変がいかに困難であるかをあらためてつきつけるものである。

(4) 階層固定化社会と階層非固定化社会

　階層が個定化されている社会ほど，あるいは固定化されていると信じられている社会ほど，現行システムへの不満が社会変革に結びついていかないという筆者の考えは，筆者が行ったアメリカとの比較調査の結果によっても裏付けられている。

　アメリカにおいても大学は名門度や知名度によって序列が形成されている。そこで，中位に位置する大学の学生を対象に日本で実施したのと同じ手続きを用いて調査を実施した。すなわ

第5章　社会的アイデンティティと階層システム

ち,「学歴階層システム」に対する信念の強さを測定する4項目と, 所属大学への脱同一視と同一視を尋ねる一連の項目からなる尺度に回答してもらい, そのあと, 所属校より上位の大学, 下位の大学, 同等の大学の学生に対して抱いているイメージを, 複数の特性形容詞尺度を用いて測定した。

　まず, 注目されるのは,「学歴階層システム」への信念の強さが日米の大学生で明らかに異なり, アメリカの大学生は, 日本の大学生に比べ,「学歴によって自分の将来が決まる」とはあまり考えておらず,「有名大学を出ていなくても社会で成功する道はいくらでもある」というように考える傾向が強かった。また, 所属校に対する同一視得点と脱同一視得点を比較したところ, 同一視得点では, 日米の大学生に差は見られなかったが, 脱同一視得点では, アメリカの大学生は, 日本の大学生に比べ得点が低かった（池上, 2004；2007）。

　最も興味深かったのは, 脱同一視の程度と上位校や下位校に対して抱いているイメージとの関係である。日本の学生では, 所属校への脱同一視の程度が高くなるほど, 下位校に対する評価が下がる関係が認められたのに対して, アメリカの学生では, 脱同一視の程度は下位校の評価とは関係がみられず, 上位校の評価と関係があり, 脱同一視の程度が強まると上位校の評価が下がることが見出されたのである（Ikegami & Brewer, 2005；表5-2参照）。先述したように下位校の評価をことさら下げることは, 階層構造を形成している集団間の格差を主観レベルで

表 5-2 脱同一視と上位校・下位校の評価との関係の
　　　　日米比較

	上位校	下位校
日　　本	.03	- .33**
アメリカ	- .28**	- .11

注：数値は相関係数。マイナスの値は脱同一視が強いほど対象校の評価が低下することを示す。**は統計学的に有意である（$p<.01$）ことを表す。
出所：Ikegami & Brewer (2005) に基づき作成。

拡大して知覚することを意味し，階層システムの肯定につながる。これに対して，上位校の評価を下げることは，集団間の格差を主観レベルで縮減して知覚していることを意味しており，階層システム全体を否定することにつながる。

　これらの結果は，階層が固定化されている社会，固定化されていると信じられている社会ほど，不本意なアイデンティティを形成する人間を生み出しやすいという筆者の考えを支持するものである。集団間の序列が固定的で変動しにくいほど，集団の構成メンバーは集団間の序列に敏感になり，不満や劣等感を抱きやすくなるといえる。逆に，集団間の序列が非固定的であり，その影響力も比較的小さいものであるととらえられていれば，序列に対してそれほど敏感になる必要がなく，結果，不満や劣等感も生じにくいことがわかる。不満や劣等感が生じなければ，それを解消するために下位集団の価値を貶める必然性も減少する。

　注目すべきは，階層が固定化されていないと信じられている

社会においては，所属集団への脱同一視は全く異なる機能を持つ点である。すなわち，そのような社会では，集団への所属への不本意感は，階層システム自体への懐疑の表明であり，既存の構造の改変を動機づける原動力になるといえる。現行の階層システムは変わらないものと信じれば，階層構造はますます固定化される方向に進み，変わりうるものと信じれば，変革が生じる方向へ進むというように，まさに予言の自己成就的メカニズムがそこに働くことが考えられる。

おわりに

　冒頭で述べたように，人々は，世界は平等で公正であるべきだと信じている。「天は人の上に人を造らず，人の下に人を造らず」とは，平等主義の理念を端的に表す言葉として人々の心に強く訴えかけるものがある。しかしながら，現実の人間社会には，さまざまな格差や不平等に苦しむ人たちが存在する。同じ人間に生まれながら，なぜこのように差があるのか理解しがたいと感じることもしばしばある。当然，そのような現状に憤りを覚え，変革への思いが強まるであろう。だが，現実はそれほど容易に変わるものではない。そのとき，平等主義的信念が強いほど，人々は理不尽で不条理な現実から目をそらし心理的安寧を得ようとする。不平等や格差を合理化したり，「平等」が達成されているかのような幻想を作り出したりするのである。本書では，そのようなことを可能にしているさまざまな心的装置の存在を明らかにしてきた。平等主義を阻む真の敵は，「平等」を願う人々の心の中に潜んでいることを解き明かすこと，それが本書のねらいであった。

　しかし，本書のねらいはそれだけではない。本書では，終始，問題のある現状を変えることがいかに困難であるかを述べてきたが，社会改革の可能性を否定するものではない。既に各章で触れてきたように，不平等な現状を正当化しようとする動機が

喚起されるかどうかは，さまざまな要因によって変動する面が大きいからである。この点は，システム正当化理論の主導者の一人であるケイも最近の論文の中で論じている（Kay & Friesen, 2011）。このような要因の影響を掌握し統制すれば人々を変革に向けて動機づけることは十分可能であると考えている。特に，第5章の最後に触れたように，人々が自ら所属する社会の階層構造が非固定的なものであるという認識をもつことが重要な鍵になるとも考えている。奇しくも，ごく最近，興味深い論文が *Psychological Science* に掲載されていた。それによると，人間はシステム正当化動機と並んで，現行のシステムを変えようとする「システム変革動機」も併せ持っていること，この後者の動機は現行システムが変更可能であるという認識を強めると喚起され，現行システムの問題点を積極的に探索するようになることが示されている（Johnson & Fujita, 2012）。

　格差・不平等問題は，多くの論者がさまざまな観点から論議しており，これを是正するための政策論は百花繚乱の感がある。しかしながら，心理学的な視座から考察を行っている例は，あまり多くはない。多くの施策を講じても人間の心理に対する理解が浅ければそれは功を奏さない。人間性についての深い理解に根差した政策論議がもっとなされるべきではないだろうか，これも筆者が本書を通じて伝えたかったメッセージの一つである。本書は，その意味ではユニークな貢献をなしえたのではないかと考えている。

おわりに

　筆者は、ここ10年間、個人レベルの認知機制と社会のマクロ構造は相互に連関しあう関係にあるという視座から一連の研究を進めてきた。本書で紹介した筆者自身の研究は、これら一連の研究成果の一部である。研究の実施にあたっては、科学研究費補助金の交付を複数回受けてきた。ただ、それらに見合うだけの成果をまだ十分社会に還元できていないことへの反省もあり、本書によって多少ともそれを果たせればと思ったのが執筆の動機である。そして、本書を契機に、今後、さらに研究を発展、深化させたいと考えている。

　最後に、本書の執筆を奨めてくださったミネルヴァ書房の寺内一郎氏と、編集作業に多くのご尽力をいただいた吉岡昌俊氏に厚くお礼を申し上げる。両氏には遅れがちな原稿を辛抱強くお待ちいただき、幾度も励ましのお言葉をいただいた。お2人の存在がなければ、本書を完成させることはできなかった。あらためて感謝の意を表したい。

　　　2012年8月

　　　　　　　　　　　　　　　　　　　　　　池上知子

引用文献

はじめに

Brown, D. E. (1991). *Human universals*. New York: McGraw-Hill.

橋本健二 (2009).「格差」の戦後史—階級社会　日本の履歴書—　河出書房新社

Tilly, C. (1998). *Durable inequality*. Berkley: University of California Press.

第1章

Adorno, T. W., Frenkel-Bruswik, E., Levinson, D. J., & Sanford, R. N. (1950). *The authoritarian personality*. New York: Norton.

Altmeyer, B. (1998). The other 'authoritarian personality'. *Advances in Experimental Social Psychology*, **30**, 47-92.

Baumeister, R. F., & Leary, M. R. (1995). The need to belong: Desire for interpersonal attachment as a fundamental human motivation. *Psychological Bulletin*, **117**, 497-529.

Brown, D. E. (1991). *Human universals*. New York: McGraw-Hill.

Carter, T. J., & Ferguson, M. (2011). Implicit nationalism as system justification: The case of the United States of America. *Social Cognition*, **29**, 341-359.

Cheung, R. M., Noel, S., & Hardin, C. D. (2011). Adopting the system-justifying attitudes of others: Effects of trivial interpersonal connections in the context of social inclusion and exclusion. *Social Cognition*, **29**, 255-269.

Day, M. V., Kay, A. C., Holms, J. G., & Napier, J. L. (2011). System justification and the defense of committed relationship ideology. *Journal of Personality and Social Psychology*, **101**, 291-306.

DePaulo, B. M., & Morris, W. L. (2005). Singles in society and in

science. *Psychological Inquiry*, **16**, 57-83.
DePaulo, B. M., & Morris, W. L. (2006). The unrecognized stereotyping and discrimination against singles. *Current Directions in Psychological Science*, **15**, 251-254.
Echebarria-Echabe, A., & Fernández-Guede, E. (2006). Effects of terrorism on attitudes and ideological orientation. *European Journal of Social Psychology*, **36**, 259-265.
Greenwald, A. G., McGhee, D. E., & Schwartz, J. K. L. (1998). Measuring individual differences in implicit cognition: The implicit association test. *Journal of Personality and Social Psychology*, **74**, 1464-1480.
Haley, H., & Sidanius, J. (2005). Person-organization congruence and the maintenance of group-based social hierarchy: A social dominance perspective. *Group Processes & Intergroup Relations*, **8**, 187-203.
Hardin, C. D., & Higgins, E. T. (1996). Shared reality: How social verification makes the subjective objective. In R. M. Sorrentiino & E. T. Higgins (Eds.), *Handbook of motivation and cognition*, Vol. 3, pp. 28-84. New York: Guilford Press.
Heaven, P. C. L., Organ, L., Supavadeeprasit, S., & Leson, P. (2006). War and prejudice: A study of social values, right-wing authoritarianism, social dominance orientation. *Personality and Individual Differences*, **40**, 599-608.
Henry, P. J., Sidanius, J., Levin, S., & Pratto, F. (2005). Social dominance orientation, authoritarianism, and support for intergroup violence between the Middle East and America. *Political Psychology*, **26**, 569-583.
Jost, J. T. (1997). An experimental replication of the depressed entitlement effect among women. *Psychology of Women Quarterly*, **21**, 387-393.
Jost, J. T., & Banaji, M. R. (1994). The role of stereotyping in system-

justification and the production of false consciousness. *British Journal of Social Psychology*, **33**, 1-27.

Jost, J. T., Blount, S., Pfeffer, J., & Hunyady, G. (2003). Fair market ideology: Its cognitive-motivational underpinnings. *Research in Organizational Behavior*, **25**, 53-91.

Jost, J. T., Chaikalis-Petritsis, V., Abrams, D., Sidanius, J., van der Toorn, J., & Bratt, C. (2012). Why men (and women) do and don't rebel: Effects of system justification on willingness to protest. *Personality and Social Psychology Bulletin*, **38**, 197-208.

Jost, J. T., Glaser, J., Kruglanski, A. W., & Sulloway, F. J. (2003). Political conservatism as motivated social cognition. *Psychology Bulletin*, **129**, 339-375.

Jost, J. T., & Hunyady, O. (2002). The psychology of system justification and the palliative function of ideology. *European Review of Social Psychology*, **13**, 111-153.

Jost, J. T., Liviatan, I., Van der Toorn, J., Ledgerwood, A., Mandisodza, A., & Nosek, B. (2010). System justification: How do we know it's motivated? In D. R. Bobocel, A. C. Kay, M. P. Zanna & J. M. Olson (Eds.), *The psychology of justice and legitimacy: The Ontario symposium,* Vol. 11, pp. 173-203. Hillsdale, NJ: Erlbaum.

Jost, J. T., Pietrzak, J., Liviatan, I., Mandisodza, A. N., & Napier, J. L. (2008). System justification as conscious and nonconscious goal pursuit. In J. Shah & W. Gardner (Eds.), *Handbook of motivation science*, pp. 591-605. New York: Guilford Press.

Kay, A. C., Gaucher, D., Napier, J. L., Callen, M. J., & Laurin, K. (2008). God and the government: Testing a compensatory control mechanisms for the support of external systems. *Journal of Personality and Social Psychology*, **95**, 18-35.

Kay, A. C., Gaucher, D., Peach, J. M., Laurin, K., Friesen, J., Zanna, M. P., & Spencer, S. (2009). Inequality, discrimination, and the power of the status quo: Direct evidence for a motivation to see the way things are as the way they should be. *Journal of Personality and Social Psychology*, **97**, 421-434.

Kay, A. C., & Jost, J.T. (2003). Complementary justice: Effects of 'poor but happy' and 'poor but honest' stereotype exemplars on system justification and implicit activation of the justice motive. *Journal of Personality and Social Psychology*, **85**, 823-837.

Kluegel, J. R., & Smith, E. R. (1986). *Beliefs about inequality: Americans' view of what is and what ought to be.* Hawthorne, NJ: Gruyter.

Kraus, M. W., Piff, P. K., & Keltner, D. (2009). Social class, sense of control, and social explanation. *Journal of Personality and Social Psychology*, **97**, 992-1004.

Kurpius, S. E. R., & Lucart, A. L. (2000). Military and civilian undergraduates: Attitudes toward women, masculinity, and authoritarianism. *Sex Roles*, **43**, 255-265.

Landau, M. J., Solomon, S., Greenberg, J., Cohen, F., Pyszczynski, T., Ardnt, J., Miller, C. H., Ogilvie, D. M., & Cook, A. (2004). Deliver us from evil: The effects of mortality salience and reminders of 9/11 on support for President George W. Bush. *Personality and Social Psychology Bulletin*, **30**, 1136-1150.

Lau, G. P., Kay, A. C., & Spencer, S. (2008). Loving those who justify inequality: The effects of system threat on attraction to women who embody benevolent sexist ideals. *Psychological Science*, **19**, 20-21.

Ledgerwood, A., Mandisodza, A. N., Jost, J. T., & Pohl, J. (2011). Working for the system: Motivated defense of meritocratic beliefs. *Social Cognition*, **29**, 322-340.

Liebkind, K., & Eranen, L. (2001). Attitudes of future human service professionals: The effects of victim and helper qualities. *Journal of Social Psychology*, **141**, 457-475.

Navarrete, C. D., McDonald, M. M., Molina, L. M., & Sidanius, J. (2010).

The psychological architecture of race and gender bias: An outgroup male target hypothesis. *Journal of Personality and Social Psychology*, **98**, 933-945.

Navarrete, C. D., Olsson, A., Ho, A. K., Mendes, W. B., Thomsen, L., & Sidanius, J. (2009). Fear extinction to an outgroup face: The role of target gender. *Psychological Science*, **20**, 155-158.

Phelan, J. E., & Rudman, L. A. (2011). System justification beliefs, affirmative action, and resistance to equal opportunity organizations. *Social Cognition*, **29**, 376-390.

Plous, S. (2003). Ten myths about affirmative action. In S. Plous (Ed.), *Understanding prejudice and discrimination*, pp. 206-212. New York: McGraw-Hill.

Pratto, F., Stallworth, L., Sidanius, J., & Siers, B. (1997). The gender gap in occupational role attainment: A social dominance approach. *Journal of Personality and Social Psychology*, **72**, 37-53.

Sidanius, J., Henry, P. J., Pratto, F., & Levin, S. (2004). Arab attributions for the attack on America: The case of Lebanese sub-elites. *Journal of Cross-Cultural psychology*, **35**, 403-416.

Sidanius, J., Levin, S., Federico, C. M., & Pratto, F. (2001). Legitimizing ideologies: The social dominance approach. In J. T. Jost & B. Major (Eds.), *The psychology of legitimacy: Emerging perspectives on ideology, justice, and intergroup relations*, pp. 307-331. Cambridge, NY: Cambridge University Press.

Sidanius, J., Liu, J., Shaw, J., & Pratto, F. (1994). Social dominance orientation, hierarchy-attenuators and hierarchy-enhancers: Social dominance theory and the criminal justice system. *Journal of Applied Social Psychology*, **24**, 338-366.

Sidanius, J., Mitchell, M., Haley, H., & Navarrete, C. D. (2006). Support for harsh criminal sanctions and criminal justice beliefs: A social dominance perspective. *Social Justice Research*, **19**, 433-449.

Sidanius, J., & Pratto, F. (1999). *Social dominance: An intergroup theory of social hierarchy and oppression.* Cambridge, MA: Cambridge University Press.

Sidanius, J., & Pratto, F. (2012). Social dominance theory. In P. A. M. Van Lang, A. W. Kruglanski & E. T. Higgins (Eds.), *Handbook of theories of social psychology*, Vol. 2, pp. 418-438. London: Sage.

Sidanius, J., Pratto, F., & Bobo, L. (1994). Social dominance orientation and political psychology of gender: A case of invariance? *Journal of Personality and Social Psychology*, **67**, 998-1011.

Sidanius, J., Pratto, F., & Bobo, L. (1996). Racism, conservatism, affirmative action and intellectual sophistication: A matter of principled conservatism or group dominance? *Journal of Personality and Social Psychology*, **70**, 476-490.

Sidanius, J., Van Laar, C., Levin, S., & Sinclair, S. (2003). Social hierarchy maintenance and assortment into social roles: A social dominance perspectives. *Group Processes & Intergroup Relations*, **6**, 333-352.

Solomon, S., Greenberg, J., & Pyszczynski, T. (1991). A terror management theory of social behavior: The psychological functions of self-esteem and cultural worldviews. *Advances in Experimental Social Psychology*, **24**, 93-159.

竹内洋（1993）．パブリック・スクール―英国式受験とエリート― 講談社現代新書

Thomsen, L., Green, E. G. T., & Sidanius, J. (2008). We will hurt them down: How social dominance orientation and right-wing authoritarianism fuel ethnic perception of immigrants in fundamentally different ways. *Journal of Experimental Social Psychology*, **44**, 1455-1464.

von Collani, G., Grumm, M., & Streicher, K. (2010). An investigation of the determinants of stigmatization and prejudice toward people living with HIV/AIDS. *Journal of Applied Social Psychology*, **40**, 1747-1766.

- Wakslak, C., Jost, J. T., & Bauer, P. (2011). Spreading rationalization: Increased support for large-scale and small-scale social systems following system threat. *Social Cognition*, **29**, 288-302.
- Williams, K. D., Cheung, C. K. T., & Choi, W. (2000). Cyberostracism: Effects of being ignored over the internet. *Journal of Personality and Social Psychology*, **79**, 748-762.
- Zelditch, M. Jr. (2001). Theories of legitimacy. In J. T. Jost & B. Major (Eds.), *The psychology of legitimacy: Emerging perspectives on ideology, justice, and intergroup relations*, pp. 33-53. Cambridge, NY: Cambridge University Press.

第2章

- Blalock, G., Just, D. R., & Simons, D. H. (2007). Hitting the jackpot of hitting the skids: Entertainment, poverty, and demand for state lotteries. *American Journal of Economics and Sociology*, **66**, 545-570.
- Callan, M. J., Ellard, J. H., & Nicol, J. E. (2006). The belief in a just world and immanent justice reasoning in adults. *Personality and Social Psychology Bulletin*, **32**, 1646-1658.
- Callan, M. J., Ellard, J. H., Shead, N. W., & Hodgins, D. (2008). Gambling as a search for justice: Examining the role of personal relative deprivation in gambling urges and gambling behavior. *Personality and Social Psychology Bulletin*, **34**, 1514-1529.
- Callan, M. J., Kay, A. C., Davidenko, N., & Ellard, J. H. (2009). The effects of justice motivation on memory for self-and other-relevant events. *Journal of Experimental Social Psychology*, **45**, 614-623.
- Callan, M. J., Sutton, R. M., & Dovale, C. (2010). When deserving translates into casusing: The effect of cognitive load on immanent justice reasoning. *Journal of Experimental Social Psychology*, **46**, 1097-1100.

Crosby, F., Muehrer, P., & Lowenstein, G. (1986). Relative depriviation and explanation: Models and concepts. In J. M. Olson, C. P. Herman & M. P. Zanna (Eds.), *Relative deprivation and social comparison: The Ontario symposium*, Vol. 4, pp. 17-32. Hillsdale, NJ: Erlbaum.

Cross, G. (2000). *An all-consuming century: Why commercialism won in modern America*. New York: Columbia University Press.

Furnham, A., & Gutter, B. (1984). Just world beliefs and attitudes towards the poor. *British Journal of Social Psychology*, **23**, 265-269.

Hafer, C. L., & Begue, L. (2005). Experimental research on just world theory: Problems, developments, and future challenges. *Psychological Bulletin*, **131**, 128-166.

Kay, A. C., & Jost, J. T. (2003). Complementary justice: Effects of "poor but happy" and "poor but honest" stereotype exemplars on system justification and implicit activation of the justice motive. *Journal of Personality and Social Psychology*, **85**, 823-837.

Kay, A. C., Jost, J. T., & Young, S. (2005). Victim derogation and victim enhancement as alternate routes to system justification. *Psychological Science*, **16**, 240-246.

Lerner, M. J., & Miller, D. T. (1978). Just world research and the attribution process: Looking back and ahead. *Psychological Bulletin*, **85**, 1030-1051.

Lerner, M. J., & Simmons, C. H. (1966). Observer's reaction to the "innocent victim": Compassion or rejection? *Journal of Personality and Social Psychology*, **4**, 203-210.

Quin, D. M., & Crocker, J. (1999). When ideology hurts: Effects of belief in the Protestant ethic and feeling overweight on the psychological well-being of women. *Journal of Personality and Social Psychology*, **77**, 402-414.

第3章

Adorno, T. W., Frenkel-Bruswik, E., Levinson, D. J., & Sanford, R. N. (1950). *The authoritarian personality*. New York: Norton.

Allport, G. W. (1954). *The nature of prejudice*. Cambridge, MA: Addsion-Wesley.

Barreto, M., Ryan, M., & Schmitt, M. (2009). *The glass ceiling in the 21st century: Understanding barriers to gender equality*. Washington, DC: American Psychological Association. Doi:10.1037/11863-000

Becker, J. C., & Wright, S. C. (2011). Yet another dark side of chivalry: Benevolent sexism undermines and hostile sexism motivates collective action for social change. *Journal of Personality and Social Psychology*, **101**, 62-77.

Crandall, C. S., Bahns, A. J., Warner, R., & Schaller, M. (2011). Stereotypes as justification of prejudice. *Personality and Social Psychology Bulletin*, **37**, 488-498.

Crocker, J., Thompson, L. L., McGraw, K. M., & Ingerman, C. (1987). Downward comparison, prejudice, and evaluations of others: Effects of self-esteem and threat. *Journal of Personality and Social Psychology*, **52**, 907-916.

Cuddy, A. J. C., Fiske, S. T., & Glick, P. (2004). When professionals become mothers, warmth doesn't cut the ice. *Journal of Social Issues*, **60**, 701-718.

Cuddy, A. J. C., Fiske, S. T., & Glick, P. (2007). The BIAS map: Behaviors from intergroup affect and stereotypes. *Journal of Personality and Social Psychology*, **92**, 631-648.

Cuddy, A. J. C., Fiske, S. T., & Glick, P. (2008). Warmth and competence as universal dimensions of social perception: The stereotype content model and the BIAS map. *Advances in Experimental Social Psychology*, **40**, 61-149.

Cuddy, A. J. C., Norton, M. I., & Fiske, S. T. (2005). This old stereotype: The pervasiveness and persistence of elderly stereotype. *Journal of Social Issues*, **61**, 265-283.

Dardenne, B., Dumont, M., & Bollier, T. (2007). Insidious dangers of benevolent sexism: Consequences for women's performance. *Journal of Personality and Social Psychology*, **93**, 764-779.

Fiske, S. T., & Cuddy, A. J. C. (2006). Stereotype content across cultures as a function of group status. In S. Guimmond (Ed.), *Social comparison and social psychology: Understanding cognition, intergroup relations and culture*, pp. 249-263. New York: Cambridge University Press.

Fiske, S. T., Cuddy, A. J. C., Glick, P., & Xu, J. (2002). A model of (often mixed) stereotype content: Competence and warmth respectively follow from perceived status and competition. *Journal of Personality and Social Psychology*, **82**, 878-902.

Fiske, S. T., Thomas, M., & Vescio, T. K. (2007). Universal dimensions of social cognition: Warmth and competence. *Trends in Cognitive Science*, **11**, 77-83.

Fiske, S. T., Xu., L., Cuddy, A. C., & Glick, P. (1999). (Dis)respecting vrsus (dis)liking: Status and interdependence predict ambivalent stereotypes of competence and warmth. *Journal of Social Issues*, **55**, 473-491.

Glick, P., Diebold, J., Bailey-Werner, B., & Zhu, L. (1997). The two faces of Adam: Ambivalent sexism and polarized attitudes towards women. *Personality and Social Psychology Bulletin*, **23**, 1323-1334.

Glick, P., & Fiske, S. T. (1996). The ambivalent sexism inventory: Differntiating hostile and benevolent sexisim. *Journal of Personality and Social Psychology*, **70**, 491-512.

Glick, P., & Fiske, S. T. (2001a). Ambivalnet sexism. *Advances in Experimental Social Psychology*, **33**, 115-188.

Glick, P., & Fiske, S. T. (2001b). Ambivalent stereotypes as legitimizing ideologies: Differentiating paternalistic and envious prejudice. In J. T. Jost & B. Major (Eds.), *The psychology of legitimacy: Ideology, justice, and intergroup relations*, pp. 278-306. New York: Cambridge University Press.

International Trade Union Confederation (2008). The global gender pay gap. Brussels, Belgium: Author. Retrieved from http://www.ituc-csi.org/IMG/pdf/gap-1.pdf（2012年7月8日閲覧）

Jost, J. T., & Banaji, M. (1994). The role of stereotyping in system-justification and the production of false consciousness. *British Journal of Social Psychology*, **33**, 1-27.

Jost, T. J., & Kay, A. C. (2005). Exposure to benevolent sexism and complementary gender stereotypes: Consequences for specific and diffuse forms of system justification. *Journal of Personality and Social Psychology*, **88**, 498-509.

Jost, T. J., Kivetz, Y., Rubini, M., Guermandi, G., & Mosso, C. (2005). System-justifying functions of complementary regional and ethnic stereotypes: Cross-national evidence. *Social Justice Research*, **18**, 305-333.

Judd, C. M., James-Hawkins, L., Yzerbyt, V., & Kashima, Y. (2005). Fundamental dimensions of social judgment: Understanding the relations between judgments of competence and warmth. *Journal of Personality and Social Psychology*, **89**, 899-913.

Katz, D., & Braly, K. (1935). Racial prejudice and social stereotypes. *Journal of Abnormal and Social Psychology*, **30**, 175-193.

Kay, A. C., Jost, J. T., Mandisodza, A. N., Sherman, S. J., Pertrocelli, J. V., & Johnson, A. L. (2007). Panglossian ideology in the service of system justification: How complementary stereotypes help us to rationalize inequality. *Advances in Experimental Social Psychology*, **39**, 305-358.

Kervyn, N., Yzerbyt, V. Y., Demoulin, S., & Judd, C. M. (2008). Competence and warmth in context: The compensatory nature of stereotypic views of national groups. *European Journal of Social Psychology*, **38**, 1175-1183.

Kervyn, N., Yzebyt, V., & Judd, C. M. (2010). Compensation between warmth and competence: Antecedents and consequences of a negative relation between the two fundamental dimensions of social perception. *European Review of Social Psychology*, **21**, 155-187.

Kervyn, N., Yzerbyt, V., & Judd, C. M. (2011). When compensation guides inferences: Indirect and implicit measures of the compensation effect. *European Journal of Social Psychology*, **41**, 144-150.

Kervyn, N., Yzerbyt, V., Judd, C. M., & Nunes, A. (2009). A question of compensation: The social life of the fundamental dimensions of social perception. *Journal of Personality and Social Psychology*, **96**, 828-842.

Laurin, K., Kay, A. C., & Shepherd, S. (2011). Self-stereotyping as a route to system justification. *Social Cognition*, **29**, 360-375.

Lippman, W. (1922). *Public opinion*. New York: Macmillan.（W. リップマン（著） 掛川トミ子（訳） 1987 世論 岩波書店）

内閣府（2011）. 平成23年版 男女共同参画白書 Retrieved from http://www.gender.go.jp/whitepaper/h23/zentai/pdf（2012年7月8日閲覧）

Semin, G., & Fiedler, K. (1988). The cognitive function of linguistic categories in describing persons: Social cognition and language. *Journal of Personality and Social Psychology*, **54**, 558-568.

Sherif, M. (1956). Experiments in group conflict. *Scientific American*, **193**(11), 54-58.

Tajfel, H., Billlig, M. G., Bundy, P. R., & Flament, C. (1971). Social categorization and intergroup behavior. *European Journal of Social Psychology*, **1**, 149-178.

Tajfel, H., & Turner, J. C. (1986). The social identity theory of intergroup behavior. In S. Worchel & W. G. Austin (Eds.), *The psychology of intergroup relations,* pp. 7-24. Chicago: Nelson-Hall.

Turner, J. C. (1975). Social comparison and social identity: Some prospects for intergroup behavior. *European Journal of Social Psychology,* **5**, 5-34.

Wigboldus, D. H. J., Semin, G. R., & Spears, R. (2000). How do we communicate stereotypes?: Linguistic bases and inferential consequences. *Journal of Personality and Social Psychology,* **78**, 5-18.

Wojciszke, B. (2005). Morality and competence in person and self perception. *European Review of Social Psychology,* **16**, 155-188.

Yzerbyt, V. Y., Kervyn, N., & Judd, C. M. (2008). Compensation versus halo: The unique relations between the fundamental dimensions of social judgment. *Personality and Social Psychology Bulletin,* **34**, 1110-1123.

第4章

ガルツング,J.(1972).社会構造・教育構造・生涯教育 OECD教育調査団(編) 深代惇郎(訳) 日本の教育政策 pp. 230-276. 朝日新聞社

橋本健二(2009).「格差」の戦後史―階級社会 日本の履歴書― 河出書房新社

池上知子(1999).学歴ステレオタイプ 岡隆・佐藤達哉・池上知子(編著) 偏見とステレオタイプの心理学(現代のエスプリ384号) pp. 130-142. 至文堂

池上知子(2004).内集団同一視と外集団知覚の関係に関する日米比較―学歴社会と非学歴社会― 日本社会心理学会第45回大会発表論文集 pp. 188-189.

池上知子(2006).対人認知の相補性は何を意味するのか― System justificationとの関連― 日本社会心理学会第47回大会発表論文集 pp. 78-79.

Ikegami, T. (2008). Complementary stereotypes in status hierarchy: The role of group identification. *The 9th Annual Meeting of the Society for Personality and Social Psychology*. Albuquerque: Program Book. pp. 182, C25.

池上知子 (2009). 相補的世界観はシステム認知をいかに規定しているか　日本心理学会第73回大会発表論文集　p. 113.

Ikegami, T. (2010). Precursors and consequences of in-group disidentification: Status system beliefs and social identity. *Identity: An International Journal of Theory and Research*, **10**, 233-253.

池上知子 (2010). 学歴階層社会の正当性を支える認知基盤としての相補的ステレオタイプ　日本心理学会第74回大会発表論文集　p. 240.

石田浩 (1999). 学歴取得と学歴効用の国際比較　日本労働研究雑誌, **472**, 46-58.

Judd, C. M., James-Hawkins, L., Yzerbyt, V., & Kashima, Y. (2005). Fundamental dimensions of social judgment: Understanding the relations between judgments of competence and warmth. *Journal of Personality and Social Psychology*, **89**, 899-913.

苅谷剛彦 (1995). 大衆教育社会のゆくえ―学歴主義と平等神話の戦後史―　中公新書

苅谷剛彦 (2001). 階層化日本と教育危機―不平等再生産から意欲格差社会へ―　有信堂高文社

Kay, A. C., & Jost, J. T. (2003). Complementary justice: Effects of "poor but happy" and "poor but honest" stereotype exemplars on system justification and implicit activation of the justice motive. *Journal of Personality and Social Psychology*, **85**, 823-837.

Kay, A. C., Jost, J. T., Mandisodza, A. N., Sherman, S. J., Pertrocelli, J. V., & Johnson, A. L. (2007). Panglossian ideology in the service of system justification: How complementary stereotypes help us to rationalize inequality. *Advances in Experimental Social*

Psychology, 39, 305-358.

吉川徹(2006).学歴と格差・不平等―成熟する日本型学歴社会― 東京大学出版会

吉川徹(2009).学歴分断社会 ちくま新書

佐藤俊樹(2000).不平等社会日本―さよなら総中流― 中公新書

千石保・鐘ヶ江晴彦・佐藤郡衛(1987).日本の中学生―国際比較でみる― NHKブックス

橘木俊詔(2006).格差社会―何が問題なのか― 岩波新書

橘木俊詔(2010).日本の教育格差 岩波新書

Tajfel, H., & Turner, J. C. (1986). The social identity theory of intergroup behavior. In S. Worchel & W. G. Austin (Eds.), *The psychology of intergroup relations*. Chicago: Nelson-Hall.

竹内洋(1995).日本のメリトクラシー―構造と心性― 東京大学出版会

山田昌弘(2004).希望格差社会 筑摩書房

第5章

Bettencourt, B. A., Dorr, N., Charlton, K., & Hume, D. L. (2001). Status differences and in-group bias: A meta-analytic examination of the effects of status stability, status legitimacy, and group permeability. *Psychological Bulletin, 127*, 520-542.

Branscombe, N. R., & Wann, D. L. (1994). Collective self-esteem consequences of outgroup derogation when a valued social identity is on trial. *European Journal of Social Psychology, 24*, 641-657.

Dukerich, J. M., Kramer, R., & Parks, J. M. (1998). The dark side of organizational identification. In D. A. Whetten & P. C. Godfrey (Eds.), *Identity in organizations: Building theory through conversations*, pp. 245-256. London: Sage.

Hinkle, S., Taylor, L. A., Fox-Cardamone, D. L., & Cook, K. F. (1989). Intragroup differentiation and intergroup differentiation: A multicomponent approach. *British Journal of Social Psychology*, **28**, 305-317.

Ikegami, T. (2004). Consequences of disaffected social identity: Evaluation of in-group and out-group members in the face of threats to group status. In Y. Kashima, Y. Endo, E. Kashima, C. Leung & J. McClure (Eds.), *Progress in Asian social psychology*, Vol. 14, pp. 85-101. Seoul: Kyoyook-kwahak-sa.

池上知子（2004）．内集団同一視と外集団知覚の関係に関する日米比較—学歴社会と非学歴社会— 日本社会心理学会第45回大会発表論文集 pp. 188-189.

池上知子（2007）．不本意な社会的アイデンティティと差別的態度の関係に関する研究—日米を比較して— 平成16年度〜平成18年度科学研究費補助金（基盤研究（C））研究成果報告書 大阪市立大学文学研究科

Ikegami, T. (2010). Precursors and consequences of in-group disidentification: Status system beliefs and social identity. *Identity: An International Journal of Theory and Research*, **10**, 233-253.

Ikegami, T., & Brewer, M. B. (2005). How does the disidentification with one's group influence the out-group perceptions? : A cross-nation study. *The 14th General Meeting of European Association of Experimental Social Psychology*. Wuerzburg (Germany): Program Book. p. 179.

Ikegami, T., & Ishida, Y. (2007). Status hierarchy and the role of disidentification in discriminatory perception of out-groups. *Japanese Psychological Research*, **49**, 136-147.

Karasawa, M. (1991). Toward an assessment of social identity: The structure of group identification and its effects on in-group evaluations. *British Journal of Social Psychology*, **30**, 293-307.

吉川徹（2006）．学歴と格差・不平等—成熟する日本型学歴社会— 東京大学出版会

吉川徹 (2009). 学歴分断社会　ちくま新書
Long, K., & Spears, R. (1997). The self-esteem hypothesis revisited: Differentiation and the disaffected. In R. Spears, P. T. Oakes, N. Ellemers & S. A. Haslam (Eds.), *The social psychology of stereotyping and group life*, pp. 296-317. Oxford, UK: Blackwell.
Luhtanen, R., & Crocker, J. (1992). A collective self-esteem scale: Self-evaluation of one's social identity. *Personality and Social Psychology Bulletin*, **18**, 302-318.
Reik, B. M., Mania, E. W., & Gaertner, S. L. (2006). Intergroup threat and outgroup attitudes: A meta-analytic review. *Personality and Social Psychology Review*, **10**, 336-353.

おわりに

Johnson, I. R., & Fujita, K. (2012). Change we can believe in: Using perceptions of changeability to promote system-change motives over system-justification motives in information search. *Psychological Science*, **23**, 133-140.
Kay, A. C., & Friesen, J. (2011). On social stability and social change: Understanding when system justification does and does not occur. *Psychological Science*, **20**, 360-364.

人名索引

あ行
オールポート（Allport, G. W.） 76

か行
カッツ（Katz, D.） 73
吉川徹 125
クロッカー（Crocker, J.） 81
ケイ（Kay, A. C.） 44, 62, 98

さ行
シェリフ（Sherif, M.） 76
シダニウス（Sidanius, J.） 2
ジャッド（Judd, C. M.） 111
ジョスト（Jost, J. T.） 19, 62, 71, 96
セミン（Semin, G.） 114
ソロモン（Solomon, S.） 44

た行
ターナー（Turner, J. C.） 78
竹内洋 1, 123
タジフェル（Tajfel, H.） 78
橘木俊詔 121

は行
橋本健二 119
バナジ（Banaji, M.） 71, 96
フィードラー（Fiedler, K.） 114
フィスク（Fiske, S. T.） 83
プラトー（Pratto, F.） 2
ブラリィ（Braly, K.） 73

ら行
ラーナー（Lerner, M. J.） 53
リップマン（Lippman, W.） 72

事項索引

あ行
温かさ 115
アファーマティブ・アクション 34
甘いレモン 19
アメリカン・ドリーム 32
アンクル・トム 13
アンビバレント・ステレオタイプ 88
アンビバレント・セクシズム 90
閾下条件づけ 74
閾下提示 59, 75
異性愛重視 91
一億総中流社会 118
イデオロギーによるコントロール 5
因果応報的推論 54, 66
ヴィクティム・デロゲーション 53, 54, 66
エイズ 9
エコノミック・アニマル 87

か行
外集団 3, 77
下位集団蔑視 152
階層間移動 124
階層減衰神話 6
階層固定化社会 166
階層神話 2
階層増強神話 6
階層の固定化 125

階層非固定化社会 166
外的帰属 46
学歴格差の三極化 126
学歴競争社会 124
学歴社会 120
学歴主義 127, 128
学歴の経済的効用 121
学歴の象徴的価値 123
学歴分断社会 124, 125
ガラスの天井 89
環境統制能力 47
関係希求動機 50
機会の平等 89
基本的2次元 115
逆差別 34
ギャンブル行動 60
9.11同時多発テロ 26
恐怖条件づけ 17
恐怖反応固執バイアス 17
虚偽意識 25
苦痛緩和機制 20, 137
経済格差 98
経済協力開発機構（OECD） 120
結果の平等 34, 89
結婚イデオロギー 30
権威主義 3
言語カテゴリーモデル 114
顕在指標 36
語彙決定課題 64
合意性仮説 11
好意的セクシズム 91

公正的世界観　ii, 52, 65
個人的アイデンティティ　80
国旗の効果　37

さ行
最小条件集団（ミニマム・グループ）　79
　——パラダイム（ミニマム・グループ・パラダイム）　78
サイバーボール・ゲーム　48
ジェンダー・システム正当化尺度　105
ジェンダー・ステレオタイプ　88
死刑制度　8
自己高揚動機　155
自己ステレオタイプ化　103
自己正当化機能　95
自己同一視　12
自己と集団の価値適合性モデル　152
自集団中心主義　99
システム正当化尺度　129
システム正当化動機　21
システム正当化理論　ii, 18, 19
システム変革動機　172
社会集団（社会的カテゴリー）　71
社会的アイデンティティ　78, 80
　——理論　78, 144
社会的カテゴリー　1
社会的支配志向性　2
社会的支配理論　ii, 2
社会的出生　120
社会不安　27

集合的自尊心　144
修正ストループ・パラダイム　59
集団間差別　78
集団間比較　106
集団境界の透過性　146
集団自己同一視　135
集団正当化機能　95
集団脱同一視　157
集団ヒエラルキー　5
消去抵抗　17
シングリズム　29
人種差別　11
人種的偏見　11
新中間階級（ホワイトカラー）　122
酸っぱいブドウ　19
ステレオタイプ　71
　——内容モデル　83
性差別（セクシズム）　17
政治的保守主義　42
精神分析学　73
生物的出生　120
性別役割分業　89
　——社会　100
潜在指標　36
潜在連合テスト　36, 49
相対的剥奪感　58
相補性　106, 109, 131
相補的国民ステレオタイプ　107
相補的ジェンダー・ステレオタイプ　100
相補的事例　63, 64
相補的ステレオタイプ　98
相補的世界観　ii, 62, 65, 129

相補的認知　109
組織の階層維持機能　16
存在脅威管理理論　44
存在論的不安　43

た行
大学間序列　131
脱同一視　157
　——理論　166
男女格差　100
男女雇用機会均等法　89
男女の相互補完性　91
地域ステレオタイプ　98
敵意的セクシズム　91
伝統回帰　28
伝統的性役割観　28, 100
統制感覚　44
　——の補償理論　45
奴隷制度　5

な行
内集団　3, 77
　——高揚動機　134, 155
　——バイアス　80
　——ひいき（外集団蔑視）　81
　——ひいき（集団間差別）　145
　——卑下　152, 155
内的帰属　46
ナショナリズム　37
日本的学歴階層社会　iii, 162

は行
覇権主義　10
ハロー効果　115
非相補的事例　64
非同一視　157
平等幻想　66, 98
平等主義　i
　——思想　133
平等神話　118
不本意な社会的アイデンティティ　iii
不本意入学者　156
プロテスタント的労働倫理　12, 67
文化的世界観　44
防衛機制　74
保護の家父長主義　91
保守反動主義　3

ま行
メリトクラシー　23
目標葛藤理論　77

や行
有能性　115
予言の自己成就　169

ら行
劣等性の内面化　25
労働者階級（ブルーカラー）　122

《著者紹介》

池上 知子（いけがみ・ともこ）

京都大学大学院教育学研究科博士後期課程学修認定退学
博士（教育学）
現　在　大阪市立大学大学院文学研究科教授
主　著　『対人認知の心的機構──ポスト認知モデルへの提言』（単著）風間書房，1996年
　　　　『社会的認知の心理学──社会を描く心のはたらき』（共著）ナカニシヤ出版，2001年
　　　　『グラフィック社会心理学　第2版』（共著）サイエンス社，2008年
　　　　『よくわかる心理学』（共編著）ミネルヴァ書房，2009年

格差と序列の心理学
──平等主義のパラドクス──

2012年10月10日　初版第1刷発行	〈検印省略〉
	定価はカバーに表示しています

著　者　　池　上　知　子
発行者　　杉　田　啓　三
印刷者　　坂　本　喜　杏

発行所　　株式会社　ミネルヴァ書房
607-8494　京都市山科区日ノ岡堤谷町1
電話代表　（075）581-5191
振替口座　01020-0-8076

©池上知子，2012　　　　冨山房インターナショナル・兼文堂

ISBN 978-4-623-06437-3
Printed in Japan

利他行動を支えるしくみ
——「情けは人のためならず」はいかにして成り立つか

真島理恵 著

A5判　248頁　本体7500円

人はなぜ「二者関係を越えた助け合い」をするのか？ 適応論的視点からそのしくみと心理的基盤を解き明かす。

ホームレス・スタディーズ
——排除と包摂のリアリティ

青木秀男 編著

四六版　336頁　本体3500円

ますます深く錯綜する〈問題〉——。転回するホームレス問題の諸相に分け入り、現代社会に刻まれた亀裂をとらえる。

「使い捨てられる若者たち」は格差社会の象徴か
——低賃金で働き続ける若者たちの学力と構造

原　清治・山内乾史 著

四六判　256頁　本体1800円

ニート，フリーター，ワーキングプア…誰が，なぜ，そうなってしまうのか。「格差社会における教育の読み方」「格差社会における教育の行方」の2部構成。

心理学研究の新世紀②
社会心理学

深田博己 監修／編著

A5判　480頁　本体5500円

基礎から最新の研究成果までを網羅し，そのシーズとヒントを提示する。「社会的自己と社会的感情」「態度と態度変容」「対人的影響過程」の3部構成。

いちばんはじめに読む心理学の本②
社会心理学
——社会で生きる人のいとなみを探る

遠藤由美 編著

A5判　260頁　本体2500円

社会心理学を初めて学ぶ人に向けて作られたテキスト。「人の特徴」「他者とつながる」「影響を与える，影響を受ける」「人を，社会を理解する」の4部構成。

―― ミネルヴァ書房 ――
http://www.minervashobo.co.jp/